문자 · 문화 · 사회

알쏭달쏭함을 헤집다

김병기 지음

어문학사

[일러두기]

1. 이 글은 2017년 2월 1일부터 2018년 12월 31일까지 경제일간지 이투데이에 연재했던 글 중에서 188편을 고른 것이다. 현장감과 현실감을 살리기 위해 제목 아래에 게재했던 날짜를 병기하였다.

2. 송고했으나 게재가 되지 않은 대여섯 편의 글은 책을 편집하는 과정에서 끼워 넣으면서 날짜를 임의로 전편의 다음 날로 써 넣었기 때문에 실지 게재된 날짜가 아니거나 다를 수 있다.

3. 게재 당시를 기준으로 '요즈음', '지금'이라는 표현을 했기 때문에 책으로 출간된 시점에서 보면 '요즈음'이나 '지금'의 이야기가 아니라, 한참 전 이야기인 내용들이 많다. 병기한 날짜를 참고하여 당시의 상황으로 읽고 이해해야 할 것이다.

머리말

중국 명나라는 개국 초기부터 고압정치를 통해 중앙 집권을 강화하였다. 황제의 권력이 강해질수록 나서서 바른 말을 하는 신하들은 사라지게 되었고 독단에 빠진 황제는 자신에게 아첨하는 사람만 가까이 하게 되었다. 결국, 환관들에게 에워싸인 채 부정과 부패로 치닫는 이른바 '환관정치'를 하게 되었다. 왕양명(王陽明)을 중심으로 주자학에 맞서 강한 개혁의지를 가지고 등장했던 심학(心學)도 명나라 말기에 이르러서는 공리공담으로 흘러 부질없이 관념적 논리만 전개하였을 뿐 구국경세(救國經世)에는 별 작용을 하지 못했다.

이러한 때에 황제를 향해 바른 말을 하고자 하는 집단이 나타났다. 고헌성(顧憲成)이 중심이 되어 결성한 동림당(東林黨)의 학자들이다. 강소성(江蘇省) 무석(無錫)의 동림서원(東林書院)을 재건하고 학문 활동을 하던 이들은 차츰 조직적인 정치비판 활동을 시작하였다. 그러자, 간신 세력들도 힘을 합하여 동림당에 맞섰다. 이들 환관 중심의 간신 세력을 동림당에서는 내시들의 당이라는 뜻에서 '내시 엄(閹)'자를 써서 '엄당(閹黨)'이라고 불렀다. 처음엔 동림당이 우세한 듯했으나 결국은 엄당이 실세를 장악함으로써 끝내 명나라는 바로 서지 못하고 부정과 부패와 음란함을 거듭하다가 만주족이 세운 후금 즉 청나라의 공격을 받아 망하게 된다.

비록 나라를 구하는 데는 실패했지만 동림당의 학자들은 현실을 직시하는 가운데 현실로 나타나고 있는 각종 비리를 척결하고자 노력하였다는 점에서 큰 의미를 갖는다. 고헌성이 동림서원의 기둥에 써 붙인 주련(柱聯) 글귀에 그들의 이러한 현실 참여의식이 강하게 나타나 있다.

風聲雨聲讀書聲, 聲聲入耳,
바람 소리, 빗소리, 책 읽는 소리, 소리마다 다 귀에 담고,
家事國事天下事, 事事關心.
집안일, 나랏일, 천하의 일, 일마다 모두 관심을 갖자.

나는 평범하면서도 현실참여의 의지를 강하게 담고 있는 이 말을 무척 좋아한다. 학자라면 당연히 이래야 한다고 생각한다. 현실참여라는 면에서 뿐 아니라, 학문 자체를 위해서도 학자는 응당 이런 자세를 가져야 한다고 생각한다. 학자는 현실과 무관하게 오로지 학문만 하는 자세를 견지해야 한다고 말하는 사람도 있다. 세태의 변화에 따라 부침하지도 않고, 정권에 아첨하여 곡학아세(曲學阿世)하는 일도 없이 자신이 추구하는 학문에만 전념해야 한다는 점에서는 맞는 말이다.

그러나 현실을 도외시한 채, 부정이 횡행하여 사회가 불안하든 간신들의 농간으로 나라가 존망의 위기에 처하든 상관하지 말고 오로지 자신의 연구 분야에만 매달려야 한다는 주장에는 동의할 수 없다. 학문 자체가 본래 세상에 대한 관심으로부터 시작된 것인데 세상과 무관하게 자신의 연구 분야에만 매몰되어 있다면 그것은 바른 학문의 길이 아니다. 세상을 바로 세우고 사람들로 하여금 사람답게 살 수 있도록 가르치고 선도하는 것이 학문의 궁극적인 목적인데 어떻게 학문이 세상과 무관할 수 있겠는가? 학자라면 현실에 대한 비유적 표현인 바람 소리, 빗소리, 책 읽는 소리 등 온갖 소리를 다 들음으로써 세상에 대한 객관적 이해를 먼저 해야 하고, 그런 이해를 바탕으로 매일같이 벌어지는 집안일, 나랏일, 천하의 일 등 모든 일에 다 관심을 갖고서 보다 나은 방향으로 나아가려는 노력을 해야 한다. 그러한 수용과 관심이 있을 때 비로소 학자로서 지향해야 할 학문적 목표가 생기고, 그 목표를 달성하기 위한 의지도 충만하게 된다.

학자가 깊이 있는 연구를 위해서는 오로지 전공에 몰두할 뿐 전공 외의 다른 분야를 기웃거리지 않아야 한다고 하는 사람도 있다. 이것저것 상식을 갖추는 공부를 '잡학(雜學)'으로 비하하며, 그런 잡학에 손을 대는 것은 학자의 수치라고 말하는 사람도 있다. 이런 사람을 만날 때면 나는 "그렇다면 다산 정약용 선생의 전공은 과연 무엇이냐?"고 묻기도 한다. 유학, 불교학, 천주학은 물론 자연과학과 공학에 이르기까지 거의 모든 분야에서 무불통지(無不通知)의 경지에 이른 다산 선생에 대해서도 특별한 전공이 없이 잡학에 능했던 사람이라고 할 텐가? 전공에 전념해야 한다는 말이 언뜻 듣기에는 타당한 것 같지만 실은 가장 불합리하고 옹졸하며 무책임한 말이다.

땅을 파내려 가는 일에 비유해 보면 이런 주장이 터무니없음을 금세 알 수 있다. 땅을 깊게 파들어 가야겠다는 이유로 직경이 1m도 채 안 되게 밑자리를 잡아서 파기 시작하면 불과 50cm도 파들어 가지 못하여 더 이상 파들어 갈 수 없는 지경에 이르고 만다. 직경 1m 정도의 좁은 공간에서는 운신(運身)이 불편하여 삽질도 괭이질도 원활하게 할 수 없기 때문에 땅을 제대로 파내려 갈 수 없는 것이다. 깊이 파 들어가기 위해서는 오히려 넓게 파야 한다. 밑자리를 넓게 잡아야만 파 들어가는 구덩이 안에서도 자유자재로 몸을 움직여 흙을 퍼낼 수 있으므로 훨씬 더 깊게 파내려 갈 수 있다.

전자는 관견(管見) 즉 대롱에 눈을 대고 세상과 학문을 바라보는 경우이고, 후자야말로 박학다식에 바탕을 둔 넓고 깊은 통찰력을 갖춘 사람이다. 나는 당연히 후자를 추구하며 지금까지 학문 활동을 해왔다. 명나라 사람 고헌성의 말에 크게 공감하며 바람 소리, 빗소리, 책 읽는 소리 등 온갖 소리를 다 받아들이려는 노력을 했고, 집안일, 나랏일, 천하의 일 등 모든 일에 다 관심을 갖고 늘 해결책을 생각하며 생활했다. 그리고 나의 자식들과 제자들에 대해서도 그런 자세로 공부할 것을 강조해 왔다. 뉴스를 들으면서도 부적절한 표현을 지적하기도 하고 당면 문제에 대한 해결책을 찾으려는 고민도 했다. 신문을 보면서도 습관처럼 근거 없는 주장이나 바르지 못한 평론을 들춰내곤 했다. TV 오락프로그램을 보면서도 문제를 지적하다가 아내와 자식들로부터 핀잔을 받는 일이 많았다.

혹자는 이런 나를 두고서 "참 피곤하게 산다."고도 했고, "대강 살라"는 권고도 했다. 그러나 나의 이런 생활은 바뀌지 않았다. 바꿀 생각이 조금치도 없었다. 이런 나로 인해 주변 사람이 혹 피곤할까 봐, 겉으로는 그다지 드러내지는 않지만 속으로는 수시로 세상을 향해 따져 묻기도 하고, 지적도 하고, 염려도 하고, 호통도 치며 살아왔다. 아직 큰 목소리를 내 본 적은 없지만 나름대로 세상에 대한 '우환의식(憂患意識)'을 가득 품고서 살아왔다.

중국 송나라 때의 학자 범중엄(范仲淹 989~1052)은 〈악양루기(岳陽樓記)〉라는 글에서 학자는 "천하의 근심에 앞서 근심하고, 천하가 다 즐거운 연후에 즐거워해야 한다."고 했다. 장차 천하에 닥칠 우환을 예견하여 미리 근심함으로써 해결책을 도모하고, 천하의 백성들이 다 즐거움을 누리는 태평한 시대가 된 연후에야 비로소 자신도 즐거움을 누리는 게 바로 학자가 가져야 할 삶의 태도라는 뜻이다. '우환의식'을 갖고 살아야 한다는 뜻이다. 학자라면 마땅히 가져야 할 이러한 우환의식을 요즈음 사람들은 '기우(杞憂)'로 치부해 버리고, 심지어는 세상을 부정적으로만 보려고 한다며 불만분자로 매도하기도 한다.

그러나 알아야 한다. 세상은 바로 이러한 학자들의 우환의식으로 인해 그나마 바르게 이어져 왔음을. 남들이 다 곤히 잠들어 있을 때 홀로 깨어 파수를 보는 사람이 있어야 세상은 안전하고 바르게 돌아간다. 파수꾼이 없이 다 잠드는 세상은 타락과 멸망으로 이어질 수밖에 없다. 깊은 통찰력으로 격에 맞는 우환을 스스로 불러들여 그 우환과 함께 사는 사람이 바로 학자이고 선비이다. 그래서 맹자는 "생어우환이사어안락(生於憂患而死於安樂)" 즉 "우환 속에서는 살지만 안락 속에서는 죽는다."(〈고자(告子)〉하편)고 했다.

나는 내가 이런 우환의식을 좀 가졌다고 해서 결코 나 스스로를 큰 학자로 여기지는 않는다. 내가 가진 우환의식을 감히 범중엄의 그것에 견줘볼 생각은 하지 않

9

는다. 늘 부족함을 느껴 부끄러운 때가 많다. 그저 버릇처럼 혼자서 이것저것 꼬치꼬치 따져보며 세상걱정을 할 따름이다. 그러다가 더러 죽이 맞는 친구를 만나면 그때는 드러내 놓고 실컷 세상 걱정을 해 본다. 그동안 혼자서만 꼬치꼬치 따져봤던 것들도 다 털어 놓는다.

그런데 어느 날, 나의 이런 따지기와 세상 걱정을 반겨하며 알아주는 사람을 만나게 되었다. 2007년부터 우연히 인연이 되어 알고 지내던 전 한국일보 주필 임철순 선생이다. 평생직장이었던 한국일보를 퇴직하고, 이투데이에서 일하게 되었다면서 "그간에 잘도 따지고, 세상걱정도 참 많이 했잖소? 앞으로도 많이 따지고 또 많이 걱정해야 할 텐데 기왕에 따지고 걱정하는 것, 판을 벌여줄 테니 월요일부터 목요일까지 1주일에 네 차례 200자 원고지 950자 정도씩 뭐라도 쓰고 싶은 대로 써주시오!" 부탁인지 명령인지 분간할 수 없는 말을 전화로 해왔다. "아니, 950자씩 1주일에 네 차례나 쓰라고요?" 옥신각신, 설왕설래하다가 "딱 3개월만 쓰겠다."고 한 「알쏭어(語) 달쏭사(思)」가 어언 2년을 넘겼다.

하고 싶은 말을 글로 써서 세상 사람들과 공유할 수 있다는 것은 참으로 큰 행복이다. 그런 글을 쓰는 일은 일이 아니라 오히려 휴식이고, 피곤이 아니라 오히려 활력소가 된다는 점을 「알쏭語 달쏭思」를 연재하면서 절실히 느꼈다. 하고 싶은 말을 하다 보니 힘든 줄 모르고 연재를 하게 되었고, 연재를 하다 보니 은근히 중독이 되어 3개월이 아니라 2년을 썼고 앞으로도 당분간은 계속 쓸 것 같다.

써 놓고서 되돌아보았더니 이것도 하나의 역사가 되어 있었다. 명나라 사람 고헌성이 그랬던 것처럼 현실로부터 들려오는 바람 소리, 빗소리, 책 읽는 소리 등 온갖 소리에 다 귀를 기울이고, 매일같이 벌어지는 집안일, 나랏일, 천하의 일 등 모든 일에 다 관심을 가지려는 생각으로 쓰다 보니 2년 동안 써온 글 안에는 지난 2년 동안의 현실이 그대로 들어앉아 있었다.

다시 읽으면 빙그레 웃음이 지어지는 부분도 있었지만, 여전히 더 따져보고 싶기도 하고, 걱정이 되기도 하고, 화가 나기도 하고, 울분이 터지는 부분도 있었다. 내가 글에서 지적한 것들이 그리 쉽게 해결되리라고는 결코 기대하지 않았지만 여전히 과제로 남아 있는 부분들이 너무 많다보니 좀 더 많은 사람들과 내 생각을 공유하고 싶다는 생각을 하게 되었다. 이투데이에 연재했

11

던 글을 모아 다시 정리하여 이처럼 한 권의 책으로 묶어 출간하게 된 이유이다.

나는 평소 작은 일에 더 주의하는 편이다. 두 가지 이유에서이다. 사람은 결코 바위처럼 큰 돌에 걸려 넘어지지 않는다. 눈에 훤히 보이기 때문에 미리 피하거나 조심하므로 걸려 넘어질 일이 없는 것이다. 오히려 눈에 잘 띄지 않는 하찮은 작은 돌을 무시했다가 그 하찮은 돌에 넘어진다. 그러므로 넘어지지 않기 위해서는 작은 것에 주의해야 한다.

뿐만 아니라, 작은 것 안에 오히려 큰 진리가 들어 있다. 최치원 선생은 말했다. "지도리문자, 원래재목전(至道離文字, 元來在目前)" 즉 "지극한 도리는 책을 떠나서 원래 눈앞에 펼쳐지는 자연에 있다."고. 거창한 책을 들먹이는 것보다도 살랑 불어오는 바람 한 자락에 더 관심을 가져야 하는 이유이다. 인소견대(因小見大)! 작은 것으로부터 큰 것을 볼 수 있는 안목이 진정한 지혜라고 생각한다.

내가 쓴 이 글에 대해 "쇄사(瑣事:자질구레한 일)에 대한 췌언(贅言:군더더기 말)"이라고 해도 괜찮다. 나 스스로가 좋아서 현실로부터 들려오는 바람 소리, 빗소리, 책 읽는 소리 등을 들으며 집안일, 나랏일, 천하의 일에 관심을 갖고 쓴 글이기 때문이다. 다만 걱정되는 건 지나친 관심과 의욕이 더러 실수를 낳아서 쓴 글에 오류나 억측 혹은 과도한 비판이 있을까 하는 점이다. 독자 여러분들의 일독과 함께 지정(指正)을 바란다.

2019년 2월
전북대학교 연구실 持敬攬古齋에서
김병기 識

목차

알쏭달쏭

—

2017-02-01

　'알쏭달쏭'은 '여러 가지 빛깔로 된 점이나 줄이 고
르지 않게 뒤섞여 무늬를 이룬 아름다운 모양'이라는
뜻과 '그런 것 같기도 하고 그렇지 않은 것 같기도 하여
얼른 분간이 안 되는 모양'이라는 두 가지 의미로 사용
하는 말이다. '알쏭달쏭 무지개'가 전자의 용례이고 '그
문제 참 알쏭달쏭하네'가 후자의 용례이다.

　우리 주변에는 의외로 후자의 의미인 알쏭달쏭한
말들이 참 많다. 무슨 뜻인지도 모르는 채 사용하는 말
도 있고, 비록 뜻은 알지만 그 말이 왜 그런 의미를 갖
게 되었는지는 모르는 채 그저 습관적으로 사용하는
말도 있다. 공자는 정명(正名)이 되지 않은 사회, 즉 말의
의미를 정확하게 살려 사용하지 않는 세상을 일러 난
세라고 했다.

　말의 의미가 정확하지 않다는 것은 개념이 불분명

하다는 뜻이고 개념이 불분명하다는 것은 사람이든 사물이든 그 '이름값'을 헤아리지 못하여 제구실을 못한다는 뜻이다. 아비가 '아비'라는 말이 갖는 의미를 몰라 아비 구실을 못하고, 스승이 '스승'으로서 가져야 할 책임의식을 갖지 못하여 스승 구실을 못하며, 대통령이 '대통령'의 의미를 제대로 인지하지 못하여 대통령 구실을 못하는 세상이 바로 난세인 것이다. 그러므로 난세를 막기 위해서는 개념을 규정하는 '말'부터 명확하게 이해하고 정확하게 사용해야 한다.

그런데 우리 사회에는 말의 의미를 불분명하게 사용하거나 부적절하게 사용함으로써 개념을 왜곡하고 혼란을 야기하는 경우가 적지 않다. 심지어는 정확하게 한 말임에도 '물타기'를 하여 알쏭달쏭한 말로 호도하는 경우도 있다. 난세의 조짐인 알쏭달쏭한 말들이 범람하고 있는 것이다. 말이 문화를 만들고 문화가 사회를 이끌어 간다. 말이 가진 본래의 뜻을 속 깊게 헤아리지 못한 채 남이 하는 말의 발음만 귀로 듣고 입으로 옮기면서 짐작대고 사용하는 사회에서는 결코 양질의 문화가 탄생할 수 없다. 색깔은 알쏭달쏭한 게 좋을지 몰라도 말은 알쏭달쏭해서는 안 되는 것이다.

혼술과 독작獨酌

2017-02-09

세상이 어지럽고 풀리지 않는 일이 많기 때문일까?
'혼술 족(族)'이 늘고 있다고 한다. '혼술 족'은 '혼자서
술을 마시는 사람'을 뜻하는 신조어이다. 술뿐 아니라,
밥도 혼자 먹고 영화도 혼자서 보고, 심지어는 노래방
도 혼자서 가는 사람들이 늘고 있다. 서로 어울리기를
싫어하는 현상이 사회에 만연하고 있는 것이다.

중국 당나라 때의 시인 이백(李白, 자가 '태백太白'이어
서 흔히 이태백이라고도 칭한다)의 시 가운데 혼자 술을 마시
는 정황을 읊은 게 있다. 〈월하독작(月下獨酌)〉 즉 〈달빛
아래서 혼자 술을 마시며〉라는 제목의 시이다. 꽃 사이
에 술 한 동이를 차려놓은 이백은 함께 마실 친한 사람
이 없자 술잔을 들어 달을 맞아들인다. 그랬더니 달이
그림자를 데리고 와서 자신과 달과 그림자 셋이서 함께
술을 마시게 되었다. "거배요명월(擧杯邀明月), 대영성삼

인(對影成三人)"이 바로 그런 상황을 표현한 구절이다. 그러면서 이백은 내가 노래를 하면 달은 하늘에서 내 노래에 맞춰 움직이고, 내가 춤을 추면 그림자는 나를 따라 요동을 치며 더불어 춤을 춘다고 했다. 혼자서 술을 마시는 외로움을 피하려 주변의 모든 것을 친구로 끌어들인 달관의 경지이다.

그런데 요즈음 사람들은 외로움을 피하려 하는 게 아니라, 오히려 자원하여 외로움 속으로 들어가려 하는 경향이 있는 같다. 다른 사람과 함께 하는 것이 불편하고, 어색하고, 싫어서 혼술을 마시고 혼밥을 먹고 혼자 영화를 보고 혼자서 노래방을 간다고 한다. 슬픈 현실이다. 이미 혼자 사는 데에 너무 익숙해져 있으므로 이런 현실을 슬프게 여기는 것 자체를 더 이상하게 여길지도 모른다. 스마트폰만 있으면 그 안에 깔깔댈 거리도 많고, '부담' 없이 이야기를 나누다가 부담 없이 헤어지면 되는 친구들이 쌔고 쌨기 때문에 사실상 외로울 일이 없다고 생각하는 것이다. 과연 외로울 일이 없는 것일까?

기쁨悅과 즐거움樂

2017-02-13

'즐거운 날', '기쁜 나날' 등 즐겁다는 말과 기쁘다는 말을 분별없이 사용하는 경우가 많다. 국어사전마저도 '기쁘다'를 "마음이 흐뭇하고 흡족하다"는 뜻으로 풀이하고, '즐겁다'도 "마음에 거슬림이 없이 흐뭇하고 기쁘다"는 풀이를 하여 두 말 사이에 거의 차이가 없는 것으로 풀이하고 있다.

한자 '悅'은 '기쁠 열'이라고 훈독한다. '悅'은 대개 마음(忄=心)의 작용으로 인해 사람(儿=人)의 입(口)이 여덟 팔(八)자 모양으로 벙긋 벌어지는 모양을 나타낸 글자라고 풀이한다. 따라서 悅은 마음이 풍요롭고 편안한 상태를 나타낸 글자라고 할 수 있다. 《논어》〈학이편〉의 첫 구절인 "배우고 수시로 익히면 또한 기쁘지 아니한가?(學而時習之不亦說乎?)"에 나오는 '說(=悅)'이 바로 그런 기쁨에 해당하는 글자이다.

한자 '樂'은 '즐거울 락', '즐길 요'. '음악 악' 등 뜻에 따라 음이 달라지는 글자이기도 한데 이 글자의 구조에 대해서 혹자는 나무(木) 받침대 위에 큰 북(白)과 작은 북 (幺)이 얹혀 있는 상태를 나타낸 글자로서 오늘날의 드럼과 같은 악기를 형상화한 것으로 보기도 하고, 혹자는 줄기(木)에 벼이삭이 주렁주렁 매달린 상태를 형상화한 글자로 보기도 한다. 북을 두드리며 노는 것도, 벼이삭이 주는 풍요로움도 다 몸으로 느끼는 즐거움이다. 따라서, 樂은 본래 육신적 즐거움을 뜻하는 글자이다. 독서나 명상을 통해 마음으로 얻는 것이 바로 기쁨 즉 悅이고, 음악에 맞춰 추는 춤이나, 운동 등을 통해서 몸으로 얻는 것이 즐거움 즉 樂인 것이다.

몸이 아무리 즐거워도 마음에서 기쁨이 샘솟지 않으면 자칫 추악한 향락이 될 수 있다. '인생은 즐겨야 한다'는 강박관념에 빠지다 보면 별짓을 다 할 수 있다. 경계해야 할 부분이다. 기쁨으로 사는 청정한 삶이 더 아름답지 않을까?

음용수飲用水와 음료수飲料水

2017-02-14

    네이버 국어사전은 음용수와 음료수를 같은 말이라고 하면서 음용수는 "마실 수 있는 물"이라고 풀이하고, 음료수는 "갈증을 해소하거나 맛을 즐길 수 있도록 만든 마실 거리"라고 풀이해 놓았다. 음료수라면 다 음용할 수 있기 때문에 음료수와 음용수를 같은 말로 볼 수도 있지만, 음용수라고 해서 다 맛을 즐길 수 있는 마실 거리는 아니기 때문에 음용수와 음료수를 완전히 같은 말이라고는 할 수 없다.

    갈증을 푸는 원초적인 요소는 물이다. 통상적인 음료수의 다른 표현이기도 한 청량음료라고 하는 것들은 그것이 갖고 있는 짜릿하면서도 단맛 때문에 매우 강력한 갈증 해소제로 느껴지기는 하지만 결코 갈증을 해소하지는 못한다. 오히려 갈증을 더하게 하는 경우가 많다. 갈증을 근본적으로 해결하는 것은 짜릿함과 단맛이 아니라, 그 맛 뒤에 무미, 무색, 무취로 자리하고 있는 맹물이다. 철이 난 사람은 이 점을 안다. 그래서 갈증이 날 때에 오히려 맹물을 찾는다.

그러나, 철이 안 난 어린 아이는 맹물보다는 짜릿한 청량음료를 달라고 떼를 쓴다. 마찬가지로 철이 난 학자나 예술가는 맹물같이 담담하면서도 정신적 갈증을 근본적으로 해소하는 학문과 예술을 하고, 철이 안 난 학자나 예술가는 청량음료 같은 짜릿한 학문과 예술을 하면서 사람들을 현혹하는 경우가 많다. 이 시대의 학문이나 예술이 맹물처럼 맛이 없으면서도 진지한 기쁨을 추구함으로써 정신적 갈증을 풀려는 방향으로 나아가기보다는 대중화라는 미명 아래 자꾸 청량음료와 같은 짜릿한 즐거움을 추구하는 방향으로 끌려가는 것 같아 안타까울 때가 있다.

청량음료를 마시더라도 물을 먼저 알고 마셔야 할 것이다. 물은 근본이다. 하나와 둘이라는 근본을 챙기는 일이 조금 불편하고 더디더라도 그 하나와 둘을 꼬박꼬박 챙기는 것이 철난 사람의 할 일이 아닐까?

분식회계

粉飾會計

—

2017-02-20

기업이 자금 융통을 원활하게 할 목적 아래 고의로 자산이나 이익을 부풀려 계산하는 회계를 일컬어 분식회계라고 한다. 이것은 엄연한 범법행위이다. 그런데, 적지 않은 사람들이 이 분식회계를 회계의 한 방식으로 이해하는 경향이 있다. 마치 탁구나 테니스에 단식과 복식이 있듯이 분식을 회계를 운영하는 한 방식으로 이해하고 있는 것이다.

분식회계의 분식이 회계의 한 방식이기 위해서는 분식의 '식'은 '방식', '법식'의 '식'인 '式'자를 써야 한다. 그러나 분식회계의 분식은 '粉飾'이라고 쓰며 각 글자는 '가루 분(粉)', '꾸밀 식(飾)'이라고 훈독한다. 그리고 '가루 분'이라고 훈독하는 '粉'은 밀가루나 쌀가루를 뜻하기도 하지만, 화장할 때 사용하는 분가루를 뜻하기도 한다. '꾸밀 식'이라고 훈독하는 '飾'은 장식(粧飾), 수식(修飾) 등의 용례에서 보는 바와 같이 뭔가를 더 아름답게 보이도록 꾸민다는 뜻이다. 그러므로 분식(粉飾)은 얼굴에 '메이크업'의 주역인 분을 발라서 더 아름답게 보이도록 꾸민다는 의미이며, 분식회계는 그렇게 좋게 보이도록 꾸민 회계를 말한다.

회계를 정직하게 하지 않고 더 아름답고 유리하게 보이도록 부풀림으로써 은행을 속이고 투자자와 소비자를 속인다면 그것은 엄중한 처벌을 받아야 할 범법행위이다. 보다 더 아름답고 좋게 보이고자 하는 것은 인간의 본능적 욕망이다. 그래서 어느 정도 수식은 필요하다. 그러나 그 수식이 사실을 벗어난 부풀림의 지경에 이르면 그것은 사기행위이다. 분식회계의 범법성을 보다 더 분명하게 드러내기 위하여 '거짓 회계', '부풀림 회계', '위장 회계'라는 말을 사용하는 것이 어떨까? 한글과 한문을 아울러 사용하는 이른바 '국한문 혼용'이 꼭 필요한 어문정책이기는 하지만 일본제 한자용어를 그대로 사용하는 것은 결코 바람직하지 못하다.

소주燒酒와 소주燒酎

2017-02-23

한국인이 가장 많이 마시는 술 중의 하나인 소주를 표기하는 한자어는 두 가지이다. 소주(燒酒)와 소주(燒酎)가 바로 그것이다. 燒酒는 '불사를 소'와 '술 주'로 이루어진 단어로서 직역하자면 '불이 붙는 술'이다. 불이 붙을 정도로 알코올의 도수가 높은 술을 통칭하는 말이 燒酒인 것이다. 그러므로 燒酒는 달리 화주(火酒)라고도 한다.

소주(燒酎)는 소주(燒酒) 중에서도 특별히 진하고 좋은 술을 일컫는 말이다. '酎'는 '전국 술'을 의미하는데 '전국'이란 한자 '전(全)'과 순우리말 '국(soup)'의 합성어로서 '군물을 타지 아니한 온전한 국'이라는 뜻이다. 따라서, '전국 술'은 '군물을 타지 아니한 전국의 술'을 말한다. 그러므로, 소주(燒酎)는 누룩과 찹쌀로 빚은 술이나 과일로 만든 술을 그대로 증류하여 얻은 순수한 술이다. 알코올의 도수가 매우 높은 것은 당연하다.

우리는 예로부터 누룩을 빚어 말려두었다가 가루로 장만한 다음, 찹쌀로 고두밥을 지어 적절히 식힌 다음에 누룩가루와 섞으면서 적당량의 물을 부어 항아리에 술을 담갔다. 그렇게 담근 술이 발효되어 잘 익으면 항아리 안에 용수(싸리나 대오리로 만든 둥글고 긴 통)를 박아 술을 걸려 뜬다. 이것이 바로 술꾼들의 입맛을 쩍쩍 다시게 하는 전국 술 '황주(黃酒)'이다. 이 전국술 황주를 다시 증류하여 '소주 고리'를 통해 한 방울씩 받아 모아 물 한 방울 타지 않은 것이 바로 소주(燒酎)이다. 도수가 매우 높은 최상품의 명주인 것은 당연하다.

그런데, 오늘날 우리가 일상으로 마시는 희석식 소주도 상표에는 燒酎라고 표기되어 있다. 명(名)과 실(實)이 상부하지 않는다. 그러나 우리는 오늘도 그 소주를 즐겨 마신다. 필자의 동료 교수가 지은 소주에 대한 대구(對句) 한 구절 소개한다. 燒酎各一瓶, 按酒必삼겹. 소주는 각기 한 병씩, 안주는 반드시 삼겹살로.

공부工夫와 공부功夫

2017-02-27

　한국의 학생들이 가장 많이 듣는 말이 '공부해라'일 것이다. 학생이니 공부하라는 말을 듣는 것이 당연하다고 할 수도 있지만 한국의 학생들은 너무나 자주 그리고 강압적인 어투의 '공부하라'는 말을 듣는 것 같다. 그래서 대부분의 학생들이 공부 스트레스에 시달리고 있는 게 현실이다.

　공부란 도대체 무엇일까? 한국은 공부(工夫), 중국은 공부(功夫:gongfu), 일본은 면강(勉强:べんきょう)이라고 표현한다. 일본의 면강(勉强)은 글자 그대로 '힘써 강하게 한다'는 뜻이다. 그렇지만 이 '勉强'을 중국어에서는 '억지로, 마지못해'라는 의미로 사용한다. 중국어의 '功夫'는 원래 '시간, 틈'이라는 뜻이다. 지금도 '시간이 있다'는 표현을 '有功夫[you gongfu]'라고 한다. 중국 사람들은 공부를 얼마나 많은 시간을 투자하느냐의 문제로 인

식하였다. 성과는 잔꾀로 만들어지는 것이 아니라, 정직하게 시간을 투자했을 때 얻게 되는 것이라고 믿었던 것이다. 특히, 연마하기가 힘든 무술의 경우에는 누가 더 많은 시간을 수련에 투자했느냐에 따라 성과가 판이해진다는 것을 몸으로 체득하였다.

그래서 '무술은 곧 시간이다'는 인식아래 무술이라는 말 자체를 '功夫'로 표현하기에 이르렀다. '功夫'는 중국어 발음으로 '쿵후'라고 읽는다. 이소룡이 잘했던 그 쿵후가 바로 이 쿵후인 것이다. 이러한 까닭에 중국에서는 지금도 학생들에게 공부하라는 말을 할 때면 '샤쿵후(下功夫)!' 즉 '시간을 투자하라!'고 한다. 시간을 투자한다는 것은 바로 공(功)을 들이고, 공을 쌓는다는 뜻이다. '夫'는 어기조사일 따름이다.

우리나라는 중국어의 功夫를 빌려 사용하면서 글자만 '工夫'라고 달리 썼다. '工'과 '功'은 서로 통용하는 통가자이기 때문에 工夫는 곧 功夫이다. 우리도 공부는 다름이 아니라, 정직하게 시간을 투자하는 일이라는 점을 인식했으면 좋겠다.

불여학

不如學

–

2017-03-02

    우리가 일상으로 사용하는 한자어 중에 '불여(不如)'라는 말이 있다. "백 번 듣는 것이 한 번 보는 것만 못하다."는 뜻의 "백문불여일견(百聞不如一見)"의 '不如'가 바로 그런 예이다. 따라서, '不如'는 앞의 것이 뒤의 것보다 못할 때 사용하는 말이다.

    공자는 다음과 같은 말을 하였다. "종일불식, 종야불침, 이사무익, 불여학야(終日不食, 終夜不寢, 以思無益, 不如學也)." 풀이하자면, "종일토록 밥도 먹지 않고, 밤새도록 잠도 자지 않으면서 생각해봐도 이로울 게 없고 배우는 것만 같지 못하다."는 뜻이다. 머리에 든 것이 없이 빈 머리로 생각하는 것처럼 무모하고 비효율적인 것도 없다. 정보를 전혀 갖지 않은 채 밥도 거르고 잠도 설치면서 아무리 머리를 쥐어 짜본들 신통한 생각이 나올 리 만무하다. 사람의 사고는 머리에 들어 있는 정보를 바탕으로 이루어지기 때문이다.

그래서 송나라의 학자로서 성리학을 완성한 주희(朱熹=朱子)는 지식의 힘을 강물에 비유하여 "어제 밤 강가에 봄비가 내려, 강에 물이 채워지자 큰 배도 터럭만큼이나 가볍게 떠가게 되었네(昨夜江邊春水生, 蒙冲巨艦一毛輕)."라고 표현하였다. 물이 빠진 강바닥의 진흙 위에서 배를 끌어올린다고 가정해 보라. 얼마나 많은 힘이 들겠는가? 그러나, 비가 흠뻑 내려 강에 물이 차오르기만 하면 배는 솜털마냥 가볍게 떠서 자유자재로 물 위를 오갈 수 있다.

물은 배가 배의 역할을 하게 하는 기본 조건이요, 독서는 사람이 사람 역할을 할 수 있게 하는 기본 조건이다. 배우지 않고 빈 머리로 살아가는 인생은 땅바닥에서 배를 끌고 가는 만큼이나 고달프고 처참한 인생이다. 그래서 공자도 '불여학(不如學)' 즉 '배움만 한 것이 없다'고 하였다. 쓸데없는 오락 프로그램으로 허송세월하지 말고 깊이 있는 책 한 권이라도 읽도록 해야 할 것이다. 독서하기 좋다는 겨울의 끝자락에서.

독립獨立과 광복光復

2017-02-28

　내일은 삼일절(三一節:3·1절)이다. 1919년 3월 1일, 당시 대한제국의 백성인 한민족은 일본의 강제통치에 항거하여 독립선언서를 발표하고, '대한독립만세'를 외쳤다. 이때 이미 '대한'이라는 국호가 우리의 국호임을 확인하였고, 이어 1919년 4월 13일에는 과거 대한제국의 '제국(帝國)' 대신 '민국(民國)'이라는 용어를 사용하여 '국민의 나라'인 대한민국 임시정부를 수립함으로써 민주공화정부인 대한민국의 국민주권을 만천하에 천명하였다. 따라서, 4월 13일 '대한민국임시정부수립일' 또한 공식적인 국가기념일이다.

　1945년 8월 15일, 광복이 될 때까지 피나게 이어온 독립을 위한 항일투쟁의 정신을 기리기 위해 건립한 기념관이 '독립기념관'이다. 그러나, 이 '독립기념관'이라는 이름은 매우 잘못된 것이다. 항일시기에 독립을 위해 투쟁한 것은 사실이나 그 투쟁의 결과로 얻은 것은 '광복'이기 때문에 '광복기념관'이라고 해야 옳다. 마치 세월호가 막 침몰하던 그때에는 인명 '구출'이 절대적인 목표였지만 훗날, 희생자들을 추모하고 그날의 비극을 잊지 말자는 의미에서 건물을 세운다면 당연히 세월호의 비극을 상기하고 희생자를 추모하는 성격의 건물이 되어야지 '구출'을 강조하여 '인명구출관'이라고 할 수 없는 것과 같은 이치이다. 게다가, 우리가 '독립기념관'이라는 명칭을 사용하는 그 순간부터 1945년 광복 이전 우리의 모든 역사는 누군가에게 얽매여 있던 예속의 역사가 되고 만다.

중국어사전 중 가장 방대한 규모인 《중문대사전》은 대한민국과 한민족의 '韓(한)'에 대해 "1897년 조선이 중국으로부터 독립하여 국호를 '한국'으로 고쳤다."는 풀이를 하고 있다. 절박하게 독립을 외치던 그날들은 기억하되 1945년 광복된 그날을 기념하는 건물은 응당 '광복기념관'이어야 하는 이유가 여기에도 도사리고 있다.

해방解放과 광복光復

2017-03-03

1945년 8월 15일, 날짜는 같은 날인데 부르는 명칭은 셋이나 된다. 독립, 해방, 광복이 바로 그것이다. 독립이라는 말을 사용하면 안 되는 이유에 대해서는 앞서 말한 바 있다.

그보다 더, 절대 사용하지 말아야 할 말은 해방이다. 해방은 '解放'이라고 쓰며 '풀 해', '놓을 방'이라고 훈독한다. 그러므로 해방은 '풀어 놓아 준다'는 뜻의 타동사로서 반드시 목적어를 갖는다. '링컨이 노예를 해방하다'가 바로 그런 용례이다. 따라서, 우리가 해방이라는 말을 사용하는 한 우리는 누군가로부터 '풀어 놓아줌'의 은혜를 입은 비참한 민족이 되고 만다. 누구이겠는가? 첫째는 일본이고 둘째는 미국이다. 우리는 일제에 의해 마치 개처럼 목에 쇠사슬이 묶인 채 살다가 일본이 풀어 놓아주는 은혜를 베풂으로써 해방을 맞은 민족이 되거나 미국이 불쌍히 여겨 일본을 내치고 '풀어 놓아줌'으로써 해방된 민족이 되고 마는 것이다. 우리는 과연 일본으로부터 '풀어 놓아줌'의 은혜를 입었는가?

우리는 일제강점기 35년 내내 싸웠다. 백범 김구 선생이 임시정부를 이끌며 싸웠고 윤봉길, 이봉창 의사가 싸웠고, 김좌진, 홍범도 장군도 싸워서 크게 이겼다. 우리의 피와 땀으로 항거하여 마침내 광복을 맞게 된 것이다. 광복이란 말은 중국의 역사서인《진서(晉書)》〈환온전(桓溫傳)〉에 그 용례가 처음 보이는데 잠시 잃어버렸던 나라를 되찾음으로써 손상당한 나라의 빛을 회복하고 체면을 세운다는 의미를 가진 말이다.

그러므로 우리는 1945년 8월 15일을 독립이나 해방이 아닌 '광복'이라는 말로 표현해야 한다. 그날을 기리는 국경일의 정식 명칭이 '광복절'인 이유가 여기에 있다. 중국은 '해방'이라는 말을 사용하여 군대 이름도 '인민 해방군'이다. 공산 혁명을 통해 부르주아 계급의 착취로부터 인민을 해방하였다는 의미에서 그렇게 해방을 강조한다. 우리의 경우와는 판이한 의미이다.

서예書藝와 캘리그라피Calligraphy

2017-03-07

　요즈음 '캘리그라피(Calligraphy)'라는 말이 꽤 널리 사용되고 있다. 새로운 일자리를 찾기 위해 캘리그라피를 배우러 학원에 다니는 경우도 있고, 일부 서예단체에서는 공모전에 캘리그라피라는 분야를 신설함으로써 기존의 서예와 마찰을 일으키는 경우도 있다.

　캘리그라피(Calligraphy)의 사전적 의미는 그리스어 Kalligraphia에서 유래한 '손으로 그린 문자'라는 뜻이다. 붓이나 솔(brush), 혹은 특수한 펜을 사용하여 쓰거나 그린 '문자도안'이 캘리그라피인 것이다. 이에 대해 전통의 서예는 반드시 동물의 털로 만든 '붓'을 사용하여 덧칠이 불가능한 1회성 필획을 구사함으로써 작가의 천성과 학문과 인품과 감정까지를 한꺼번에 담아내는 순간예술이다. 1회성 필획을 사용한다는 점에서 미술보다는 오히려 음악이나 무용과 더 근접한 순간예술

44

이다.

이처럼 서예는 함양된 '그 사람' 자체를 표출하기 때문에 예로부터 "서예는 곧 그 사람이다(書如其人)"이라고 여겨왔으며, 작품에 그 사람이 함양한 차원 높은 '서권기(書卷氣)'와 '문자향(文字香)'이 배어 있을 때 최상등의 작품으로 평가해 왔다. 문자도안인 캘리그라피와는 근본적으로 다른 것이다. 이 '다름'을 드러내기 위해 서예를 캘리그라피와 구분하여 'Chinese Calligraphy'라고 번역해 왔다. 부실한 번역이다. 'Seoye(서예)'라는 말을 그대로 사용하여 서양에 알리는 게 나을 것이고, 굳이 번역해야 한다면 '동아시아의 서예' 즉 'East Asian Calligraphy'라고 번역해야 할 것이다.

지구상에 존재하는 많은 종류의 캘리그라피 중에서 가장 차원이 높은 캘리그라피가 바로 서예이다. 그런데, 우리는 지금 그런 높은 가치의 전통서예를 홀시하고 문자도안 개념의 손글씨 기술에 탐닉하고 있는 것같다. 안타까운 일이다.

자체字體와 서체書體

2017-03-08

서예가로 활동하고 있는 필자가 전시장에서 관람객들로부터 가장 많이 받았던 질문은 "이 작품은 무슨 체(體)인가요?"라는 것이었다. 이런 질문을 받았을 때는 어떤 답을 해야 할까? 해서체(楷書體), 행서체(行書體), 초서체(草書體), 전서체(篆書體), 예서체(隸書體)라는 답을 해야 할까? 아니면 유명 서예가의 이름이나 호를 붙여 부르는 구양순체(歐陽詢體), 안진경체(顔眞卿體), 혹은 추사체(秋史體), 석봉체(石峯體)라는 답을 해야 할까?

서예의 체에는 자체와 서체의 구분이 있다. 자체란 글자의 체, 즉 '문자의 꼴'을 뜻한다. 역사의 흐름에 따라 진행된 문자의 변화과정에서 필획의 가감(加減)이나 곡직(曲直) 등의 변화로 인하여 문자의 구조(構造 Structure) 자체에 변화가 생겼을 때 그 변화된 구조에 따라 분류한 것이 바로 자체인 것이다. 한자의 경우, 전서, 예서, 해서, 행서, 초서 등 이른바 '5체'를 일컬어 자체라고 한다.

서체는 같은 자체의 문자를 쓰더라도 쓰는 사람마다 그 사람의 예술적 감각과 장식적 욕구에 따라 각양각색의 모양이 나타날 수 있는데 그렇게 각양각색으로 쓴 각자의 글씨체를 일러 서체라고 한다. 예를 들자면, 같은 자체의 해서체를 썼더라도 구양순이 썼으면 구양순체, 안진경이 썼으면 안진경체라고 하고, 추사가 썼으면 추사체, 한석봉이 썼으면 석봉체라고 부르는 것이 바로 서체인 것이다. 요약하자면, 자체는 문자의 변화과정에서 생긴 '글자의 꼴'이고, 서체는 쓰는 사람의 개성과 예술적 감각에 따라 다르게 나타나는 '글씨의 꼴'인 것이다.

우리 조상들이 우리 민족의 고유미감을 살려 창작한 서예유산을 잘 활용한다면 우리나라는 세계 최고의 문자디자인 강국이 될 수 있을 것이다.

서예書藝, 서법書法, 서도書道

2017-03-21

붓으로 글씨를 쓰는 예술행위를 우리는 서예(書藝)라고 한다. 그런데, 같은 예술행위임에도 중국은 '서법(書法)'이라고 하고, 일본에서는 '서도(書道)'라고 한다. 사용하는 용어만으로 보았을 때는 우리나라에서는 예술이라는 데에 주안점을 두었고, 중국은 글씨를 쓰는 법 즉 필법(筆法)에 주안점을 두었으며, 일본은 서(書)를 통해 도(道)를 닦는다는 의미를 부각하였다는 생각을 할 수 있다. 물론 그러한 점이 전혀 없는 것은 아니나 반드시 그렇기 때문에 그런 이름이 붙은 것은 아니다.

서법이라는 용어를 사용한 중국이 가장 먼저 용어를 고정하였다. 위진남북조 시대 남조의 제나라 양나라 시기에 중국에서는 모든 문예활동을 '법(法)'이라는 개념으로 이해하고자 하는 바람이 불었다. 즉 자연 발생적으로 나타난 다양한 문예행위를 하나의 공통률인 법으로 규정하고자 하는 경향이 나타난 것이다. 그림에서는 기운(氣韻)이 생동해야 하고 골기(骨氣)가 있는 용필을 해야 한다는 등의 여섯 가지 법을 제시했고, 시에서도 평측법, 압운법, 대우법 등 법을 제기했다. 마찬가지로 서(書)에서도 '영자팔법(永字八法:'永'字 한 글자를 쓰는 과정을 통해 8가지 필법을 가르침)'과 같은 법이 나타났다.

일본에서는 대부분의 문예활동이나 스포츠를 도(道)로 이해하려는 생각이 일찍부터 있었다. 유도(柔道), 검도(劍道), 다도(茶道), 화도(花道) 등이 바로 그것이다. 한국에서는 조선시대까지만 해도 그냥 '서(書)'라고만 했다가 광복 후, 서예가 손재형(孫在馨)이 일제 강점기에 사용한 서도라는 말을 배척할 양으로 서예라는 말을 제안한 것을 오늘날까지 사용하고 있다.

서예, 서법, 서도, 용어는 달라도 추구하는 예술성은 사실상 같다. 지금은 동아시아한자문화권 문화의 정수인 서예를 한, 중, 일 3국이 함께 노력하여 서방세계에 적극 알려야 할 때이다.

연패連霸와 연패連敗

2017-03-28

완연한 봄이다. 프로축구, 프로야구 등이 철을 맞으면서 스포츠 뉴스의 내용이 겨울철에 비해 훨씬 풍부해졌다. 그런데, 스포츠 뉴스를 시청하다보면 "3연패의 위업을 달성했다"는 표현이 있는가 하면 "3연패의 늪에 빠졌다."는 보도도 있다. 전자는 세 번이나 우승을 하는 큰 업적을 쌓았다는 찬사이고, 후자는 세 번이나 연속 패한 부진한 실적이라는 뜻이다. 같은 '연패'인데 뜻이 완전히 반대이다.

전자인 '3연패의 위업'에 사용한 연패는 '連霸'라고 쓰며 각각 '이을 연' '으뜸 패'라고 훈독한다. 따라서, 연속하여 세 번씩이나 으뜸 즉 우승을 차지했다는 뜻이다. 후자 '3연패의 늪'에 사용한 연패는 '連敗'라고 쓰는데 이때의 '敗'는 '패할 패'라고 훈독하므로 연속해서 세 번이나 패했다는 뜻이다. 전자인 '霸'는 패권(霸權:으뜸의

50

권한)을 장악한다는 의미의 패이고, 후자인 '敗'는 실패
(失敗)의 패인 것이다.

　사람은 누구나 패자(霸者)가 되기를 바란다. 누구도
패자(敗者)가 되기를 바라지는 않을 것이다. 그러나, 인생
을 살다보면　패자(霸者)가 되는 경우도 있지만 어쩔 수
없이 '패자(敗者)'가 되는 경우도 있다. 霸者의 영광을 누리
는 사람은 끝까지 겸손해야 할 것이고 실패의 고배(苦杯:
쓴 잔)를 마신 敗者는 용기를 잃지 말아야 할 것이다.

　그런데, 우리 사회는 霸者는 너무 교만하고, 敗者는
지나치게 실의에 빠지는 경향이 있다. 말인즉 공정하고
공평한 기회균등의 사회라고 하지만 실질적으로는 부
당한 부(富)의 세습, 무리한 권력의 세습 등이 비일비재
하다 보니 霸者는 교만해지고 敗者는 절망에 빠지고 있
는 것이다. 霸者는 敗者를 배려하고 격려하며, 敗者는
霸者를 인정하고 존경하는 것이 진정한 스포츠 정신이
다. 다양한 스포츠가 기지개를 켜는 이 봄에 스포츠를
즐기면서 진정한 스포츠 정신을 배우도록 하자.

한식

寒食

–

2017-04-05

오늘은 한식(寒食)이다. 24절기의 이름을 딴 명절 외에 전통의 4대 명절로 설, 한식, 단오, 추석을 쳤다. 한식은 동지(冬至) 후 105일째 되는 날로 양력으로는 4월 5일 무렵이다. 이날은 하루 동안 불을 사용하는 것을 금했기 때문에 찬밥을 먹을 수밖에 없었다. 그래서 '찰 한(寒)'과 '밥 식(食)'자를 써서 '寒食'이라고 한다.

한식의 유래에는 두 가지 설이 있다. 하나는 춘추시대 진나라의 왕이 공신인 개자추(介子推)에게 벼슬을 내렸지만 산에 숨어서 나오지 않으므로 그를 나오게 하려고 불을 지른 것이 그만 그를 타죽게 했기 때문에 그를 기리기 위해 하루 동안 불의 사용을 금했다는 설이다. 두 번째는 '개화(改火)' 의례에서 유래했다는 설이다. 고대에는 나무끼리 마찰하여 불을 얻은 다음 그 불을 잘 보전하여 사용하였다. 그런데 오래된 불은 생명력이 없다고 생각하여 1년에 한 번씩 묵은 불을 끄고 새로운 불을 만드는 의례를 치렀다. 이것이 바로 '개화'인데 묵은 불을 끈 후, 새로운 불을 얻기까지 일정 시간 동안 불을 사용할 수 없었으므로 모두 찬밥을 먹었으며 이것이 한식의 유래가 되었다는 것이다.

대부분의 논자들은 두 번째 설을 더 신빙하고 있다. 필자의 생각으로는 '불에 대한 경각심'을 높이기 위해 이런 이야기와 의례를 들어 하루 동안 불을 금했던 것이 아닌가 한다. 한식을 전후한 시기는 날씨가 건조하여 불이 나기 쉬운 철이기 때문에 오늘날의 '산불조심' 캠페인처럼 찬밥을 먹는 의례를 통해 경각심을 높인 것이다.

중국 당나라 사람의 시에 "날이 저물자 궁중에서는 몰래몰래 촛불을 서로 건네어, 귀족들 집에서는 가벼운 연기가 피어오르네(日暮漢宮傳蠟燭, 輕煙散入五侯家)"라는 구절이 있다. 백성들에게는 불의 사용을 엄금한다고 해놓고서 귀족들끼리는 슬그머니 불을 사용했다는 뜻이다. 예나 지금이나 이런 특권층이 문제이다.

명조체

明朝體

–

2017-04-06

컴퓨터로 한글문서를 작성할 때 사용할 수 있는 글꼴을 보면 컴퓨터를 구입할 때 기본으로 깔아주는 글꼴만도 그 수를 일일이 헤아릴 수 없을 만큼 많다. 그런 글자꼴을 우리는 흔히 '폰트(Font)'라고 부른다.

폰트는 한 글자씩 주조하여 만든 '납활자'를 사용하던 시절, 유럽에서 같은 종류의 글자체를 크기별로 만들어 필요에 따라 서로 다른 크기의 활자를 사용하여 한 페이지씩 판을 짜서(조판: 組版) 인쇄를 하였는데 이때 사용하던 같은 종류의 크기가 다른 글자체 세트(Set)를 이르는 말이었다. 그런 폰트를 이제는 컴퓨터 안에서 마음대로 크기와 색깔을 조절해가면서 사용할 수 있게 되었는데 바탕체, 굴림체, 돋움체, 궁서체 등이 바로 그것이다. 이처럼 많은 폰트 중에서 가장 오랜 역사를 갖고 있는 폰트 중의 하나가 명조체일 것이다.

명조체는 한자로 '明朝體'라고 쓴다. '명조'란 무슨 뜻일까? 혹 '내일 아침'이라고 해석하여 아름답고 희망적인 느낌이 들도록 지어 붙인 이름이라는 생각을 할지도 모른다. 그런데, 전혀 그런 뜻이 아니다. 명조는 중국의 한 왕조였던 명나라를 이르는 말이다. 즉 '명(明)다이너스티(Dynasty)'라는 뜻인 것이다.

활자를 이용하여 조판하고 그것을 다시 윤전기에 돌려서 인쇄를 하던 근대식 인쇄를 19세기에 선진적으로 도입한 일본은 서양의 폰트에 해당하는 한자 글꼴을 독자적으로 개발했고, 이어 일본의 가나와 우리 한글의 글자꼴도 개발했다. 이때 그들이 모태로 사용한 글자꼴이 바로 중국 명나라 때 목판본 책을 새길 때 사용했던 글자꼴이었다. 그래서 명나라의 활자체를 활용하여 새로 개발한 글자꼴이라는 의미에서 '명조체'라 명명했다. 아직 글자꼴을 개발하지 못했던 우리나라는 개화기에 한성순보, 독립신문 등을 발행할 때 일본이 개발한 이 명조체를 사용하였다. 그것이 꾸준히 진화되어 오늘날까지 사용되고 있는 것이다.

난이도

難易度

–

2017-04-10

최근 하나의 유행이 되어 방송사마다 벌이고 있는 오디션이라는 이름의 노래 경연에서 일부 심사위원 중에는 '아! 이 노래는 난이도가 매우 높은 노래인데 아주 잘 소화해 줬습니다.'라는 식의 칭찬을 하는 경우가 있다. 뿐만 아니라, 해마다 수능 시험이 끝나면 각 언론에서는 '수능의 난이도'를 분석하여 보도한다. 이때, 기자들 중에는 "올 수능의 난이도는 작년에 비해 훨씬 높다"는 보도를 하는 경우가 있다. 심지어는 '고난이도의 문제가 출제되었다"는 보도를 하는 경우도 있다. 다 잘못된 표현이다.

난이도는 한자로 '難易度'라고 쓰며 각 글자는 '어려울 난', '쉬울 이', '정도 도'라고 훈독한다. 따라서 난이도란 '어렵거나 쉬운 정도'라는 뜻이다. 그러므로 '난이도가 높다'는 말은 성립할 수 없다. '어렵거나 쉬운 정도

가 높다'라는 뜻이 되어버리기 때문이다. "올 수능은 난
이도면에서 봤을 때 난도가 작년에 비해 높다"라고 표
현하는 것이 맞다. 즉, "올 수능의 어렵고 쉬운 정도를
헤아려 봤더니 어려운 정도가 작년에 비해 높다"고 해
야 제대로 된 표현인 것이다.

세상에는 어려운 일도 있고 쉬운 일도 있다. 그러므
로, 일의 난이도를 잘 따져서 내 능력에 맞는 일을 해야
한다. 내 힘에 부치는 고난도의 일을 지속하다보면 몸
도 마음도 다 다칠 수 있다. 반대로 어려움이라고는 없
는 '저난도(低難度)' 혹은 '고이도(高易度:실지로 고이도라는 말
은 잘 사용하지 않는다)'의 일만 골라 하다보면 나태하고 나
약하게 된다. 난이도를 잘 살펴 내 몸과 마음에 적합한
일을 하는 것이 행복으로 향하는 또 하나의 중요한 길
인 것이다. 문제는 세상의 일을 그렇게 골라서 할 수가
없다는 데에 있다. 먹고살기 위해 고난도의 일을 뼈가
부서지게 해야 하는 사람이 우리 주변에 한 둘이 아니
다. 각자 능력에 맞는 일을 보람차게 할 수 있는 세상이
되었으면 좋겠다.

명분

名分

–

2017-04-11

뉴스 특히 정치 관련 뉴스를 시청하다보면 더러 "이제 명분 찾기의 수순으로 접어든 게 아닌가 한다." 혹은 "어떠한 명분으로도 그런 말을 해서는 안 된다."느니 "명분보다는 실리를 추구하는 외교" 등의 보도를 들을 때가 있다. 다 명분이라는 말을 부정적인 의미를 가진 단어로 보고서 하는 말들이다. 즉 명분을 구실이나 핑계, 혹은 허세나 허울이라는 의미로 보고서 하는 말들인 것이다.

명분은 한자로 '名分'이라고 쓰며 각 글자는 '이름 명', '분수 분'이라고 훈독한다. '分'은 본래 '나눌 분'으로 더 많이 사용하지만 여기서는 '분수'라는 의미로 쓰인 것이다. 이름이란 무엇인가? 그것은 다른 것과 차이를 두기 위해 사람이나 사물 혹은 어떤 현상에 붙여서 부르는 일컬음이다. 따라서 이름은 사람으로 말하자면 자기만의 특징을 가장 잘 나타내는 말이다.

'분수(分數)'란 직역하자면 '자기에게 나누어진 것의 수'이다. 즉 '자신의 신분과 처지에 맞는 제한'을 뜻하는 말인 것이다. 따라서 명분은 자기에게 주어진 이름값을 하며 자기에게 주어진 분수를 지키며 떳떳하게 사는 것을 의미한다. 그래서 옛 선비들은 명분에 벗어나는 일을 하는 것을 가장 치욕스럽게 생각했다. 대의명분(大義名分)을 생명보다도 중히 여겨 목숨을 걸고 지키려했던 것이다.

이름이 바르게 정립된 세상이 바른 세상이다. 각자가 자신에게 주어진 혹은 자신이 지은 이름값을 하면서 사는 세상, '군군신신부부자자(君君臣臣父父子子)' 즉 임금은 임금의 이름값을 다하고 신하는 신하대로 아비는 아비대로 자식은 자식대로 이름값을 다하면 세상은 어지러울 일이 없는 것이다. 그리고, 자신의 능력을 헤아려 분에 맞게 사는 세상이 도덕적이고 윤리적인 세상이다. 분수를 모르고 날뛰는 것을 열정으로 혼동해서는 안 된다. 명분은 버려야 할 핑계나 허울이 아니라, 이 시대의 우리가 더욱 챙겨야 할 덕목인 것이다.

조현병

調絃病

–

2017-04-17

　며칠 전, 우리나라 성인 4명 중 1명이 조현병을 겪은 경험이 있다는 뉴스 보도가 있었다. 이 보도를 들으면서 '조현병'이라는 병명에 대해 의아한 사람이 적지 않았던 것 같다. 필자 또한 생소한 병명이라서 사전을 찾아보고서야 과거에 '정신분열증'이라고 부르던 병을 조현병으로 고쳐 부르게 되었다는 점을 알게 되었다.

　수년 전에 약사법을 개정하여 간단한 소화제나 해열제 등을 일반 슈퍼마켓에서도 살 수 있도록 조치한 적이 있다. 이때, 약사법을 개정하면서 정신분열증이라는 병명을 조현병으로 고쳐 부르는 개정도 함께 했다고 한다. '정신분열'이란 말은 영어 'schizophrenia[skɪtsəˈfriːniə]'를 일본이 그렇게 번역하여 사용한 것을 우리가 그대로 차용한 것이라고 한다. 정신분열의 뜻인즉 말 그대로 '정신이 여러 개로 나누어진다.'는 것인데 이것은 실지로 나타나는 의학적인 증상과도 차이가 있을 뿐 아니라, 어감이 좋지 않아 자칫 환자의 인격을 모독할 소지가 있어서 그 말을 버리고 조현병으로 고쳐 부르기로 했다는 것이다.

그렇다면 왜 조현병이라고 했을까? 조현병은 '調絃病'이라고 쓰는데 '調'는 '고를 조, 조정할 조'라고 훈독하고, '絃'은 '악기 줄 현'이라고 훈독하며 현악기의 현을 뜻하는 글자이다. 따라서, 조현병은 직역하자면 '악기의 현을 조절하는(조절해야 하는) 병'이다. 이게 무슨 말인가? 흐트러진 악기의 줄을 잘 고르듯이 뇌의 신경망을 잘 조절하여 정상화할 필요가 있는 병이라는 의미이다. 사고(생각)의 장애나 감정, 의지, 충동 등에 이상이 있을 때, 그것을 잘 조절하여 정상적인 상태로 되돌려놓는 치료가 필요한 병이라는 뜻인 것이다. 병명치고는 상당히 낭만적이어서 환자들은 치료에 거부감을 느끼지 않을 것 같다. 아직은 우리에게 생소한 단어지만 정신분열증보다는 훨씬 나은 이름인 것만은 분명한 것 같다.

조선족

朝鮮族

–

2017-04-19

중국 국민의 대다수는 한족(漢族 92%)이지만 한족 외에도 55종의 소수민족이 있다. 중국은 예로부터 '통일적 다민족국가'를 내세우고 있는데 우리도 무의식중에 그런 논리에 적응하여 북방의 여러 민족이 세운 나라들, 예를 들자면 몽골이 세운 원나라나 만주족이 건립한 청나라도 '중국'으로 간주한다. 그러나 엄밀히 말해 이들 이민족이 세운 나라는 '중국'으로 볼 수 없다는 주장도 적지 않다.

중국은 길림성, 요녕성, 흑룡강성 등 이른바 '동북 3성'을 조선족 자치주(출범 초기엔 자치구)로 지정하여 경영하면서 그곳에서 살고 있는 우리 민족을 '조선족'이라고 부르고 있다. 중국에 속한 소수민족의 하나로 취급하여 그렇게 부르고 있는 것이다. 그러나, 따지고 보면

만주지역은 중국의 한족보다도 우리 민족과 역사적·
지리적으로 더 관련이 깊다. 중국이 '조선족'이라고 부
른다고 해서 우리마저 그들을 조선족이라고 불러서는
결코 안 된다. 다음과 같은 등식이 성립하기 때문이다.
조선족＝중국 소수민족/ 조선족＝대한민국의 한민족/
그러므로, 대한민국의 한민족＝중국 소수민족/ 따라서
대한민국＝중국 변방국가.

　이러한 등식은 결코 과장이나 기우가 아니다. 현실
로 나타나고 있는 일이다. 중국은 지난 수천 년 동안 끊
임없이, 끈질기게 주변의 이민족을 그들의 한족에 동화
시키는 일을 해왔다. 그리하여 많은 나라들이 한족의
중국에게 흡수되어 자취도 없이 사라졌고 중국의 역사
에 편입되어 버렸다.

　중국은 고구려와 발해를 그들에게 속해 있던 '변방
국가'였다는 주장을 펴고 있다. 이런 상황에서 우리가
'조선족'이라는 호칭을 사용한다면 중국의 주장에 날개
를 달아줄 뿐 아니라, 장차 북한은 물론 대한민국마저
도 중국의 변방국가로 전락할 근거를 우리 스스로가 만
드는 꼴이 된다. 조선족은 반드시 '재중 한국동포(재중동
포)'라고 불러야 한다. 재미동포, 재일동포처럼 말이다.

조선朝鮮 조선총독부朝鮮總督府

2017-04-20

일본에는 한국에 대해서 연구하는 학술단체가 많다. 그런데, 이들 단체는 대부분 '한국' 혹은 '대한민국'이라는 국호 대신에 '조선'이라는 칭호를 사용하고 있다. 예를 들자면, 동경외국어대학 외국어학부 조선어전공, 대판외국어대학 외국어학부 조선어전공, 구주대학 문학부인문학과 조선사학 분야, 철리대학 국제문화학부 조선학과 등의 학과의 명칭도 그렇고 조선학회, 조선사 연구회 등의 학회 명칭도 '조선'이라는 호칭을 사용한다.

이에 대해, 그들은 한국의 현대와 전통을 함께 연구하기 때문에 '조선'이라는 호칭을 사용한다고도 하고, 북한의 국호는 아직도 '조선'이기 때문에 북한과의 학술 교류를 위해 '조선'이라는 말을 사용한다고도 한다. 그러나, 실지 속셈은 따로 있다. 일본은 아직도 한국을 일제가 강점하고 있던 조선총독부 시절의 '조선'으로 인식하고 싶어 하는 것이다.

일본의 미술관이나 박물관에 전시되어 있는 유물에 대한 국적 표기를 보면 그들의 인식을 보다 더 분명하게 확인할 수 있다. 유물에도 어김없이 '한국' 대신 '조선'이라고 쓰고 있다. 한국의 '조선'시대 유물이기 때문에 '조선'이라고 표기하는 게 아니라, 우리나라의 나라이름 자체를 조선이라고 부르고 있는 것이다. 같은 전시장 내에 중국, 프랑스, 영국, 이탈리아… 등의 유물은 다 현재의 국호를 쓰고 그 유물의 시대를 표시할 때는 'O~O세기'라고 표현하거나 중국의 경우 특별히 '중국, 송 10~11세기'와 같은 방식으로 표시하는데 우리나라에 대해서는 백제나 고려 시대의 유물에 대한 국적 표기를 '조선, 백제', '조선, 고려'라고 표시하고 있는 것이다. 심지어 조선시대의 유물에 대해서는 '조선, 이씨왕조'라는 표현도 하고 있다. 한심한 일이다.

막연히 일본의 역사왜곡을 규탄만 할 게 아니라, 정당하게 의견을 제시하여 하나씩 바로잡아 나가는 일을 해야 할 것이다.

조
선

조
선
총
독
부

과거
科擧
—
2017-04-25

　사극이나 〈전설의 고향〉 같은 프로그램에는 과거보
러 가는 선비 얘기가 많이 나온다. 과거제도는 중국에
서는 수나라 때에 처음 시작하였고 당나라 때에 이르러
확고한 제도로 정착되었다. 우리나라에서는 고려 광종
때 중국으로부터 귀화한 쌍기(雙冀)의 건의를 받아들여
시행하게 되었다고 한다. 일부 명문집안의 자제들이 조
상의 공로에 힘입어 과거를 치르지 않고서도 관직에 등
용되는 이른바 소수의 '음직(蔭職:조상의 음덕에 힘입어 관직
을 얻는다는 의미)' 외에 관직에 나갈 수 있는 유일한 길이
과거였기 때문에 옛 선비들은 젊은 시절을 온통 과거에
바쳤고, 그러다보니 과거에 얽힌 이야기도 많아서 사극
이나 〈전설의 고향〉에는 그처럼 과거보러 길 떠나는 선
비 얘기가 많이 나온다.

　과거는 '科擧'라고 쓰고 '과목 과', '들 거'라고 훈독

한다. 즉, 학과목 시험을 통해 인재를 들어 올린다(뽑는
다)는 뜻이다. 고려든 조선이든 과거의 과목은 주로 유
가의 경전이었다. 특히 조선시대에는 일종의 답안지 작
성 방식인 '팔고문(八股文)'이라는 문장 형태가 명나라로
부터 들어와 널리 사용되었으므로 유가의 경전에 바탕
을 둔 과제(科題:과거시험 제목)가 나오면 수험생들은 팔고
문의 형식에 맞춰 답안을 작성하여 제출했다.

제출한 답안지는 이름을 가리고 철하여 누구의 답
안지인지 모르는 채 채점한 다음, 수석합격자인 장원을
비롯한 여러 등급의 합격자를 방문(榜文:어떤 일을 알리기 위
해 길거리에 써 붙이던 글)을 통해 발표하였다. 이 방문에 자
신의 이름이 탈락(脫落)한 것을 낙방(落榜)이라고 하였다.
여기서 유래한 낙방은 오늘날에도 여전히 불합격의 의
미로 사용되고 있다.

오늘도 공무원이 되기 위해 혹은 회사에 입사하기
위해 수많은 젊은이들이 옛날의 과거와 크게 다를 바
없는 시험에 매달리고 있다. 합격하기가 어렵다보니 시
험과 관련하여 현대판 〈전설의 고향〉이 생길 지경이다.
일자리가 늘었으면 좋겠다.

찰거

察擧

–

2017-04-26

과거제도 전에는 '찰거(察擧)'라는 방식으로 인재를 뽑았다. '察'은 '살필 찰'이라고 훈독하므로 '찰거'는 사람을 잘 살핀 후에 고른다는 뜻이다. 오늘날로 치자면 면접시험이다. 과거제도를 시행하기 전에 중국에서는 지역별로 어른을 지정하여 유망한 인물을 지속적으로 관찰하게 하고 관찰한 결과를 9등급으로 품평하여 기록해 나갔다. 인재가 필요할 때면 이 기록을 바탕으로 추천하고, 추천된 인물 중에서 찰거하였다.

이에, 한나라 때나 위진남북조 시대에는 인물을 품평하는 풍조가 크게 성했다. 당시의 품평기록을 모은 책이 지금까지 전해 오는 것이 있는데 위진남북조 양(梁)나라 사람 유의경(劉義慶)이 편찬한 《세설신어(世說新語)》가 바로 그런 책이다.

'찰거'는 관상학의 발달을 가져왔다. 사람을 살피다

보니 외모와 내면의 상관관계가 점차 통계로 드러나게 되었는데 그런 통계를 정리한 것이 바로 관상학이다. 따라서 관상학은 전혀 터무니없지만은 않다. 다만 당시의 가치관과 오늘날의 가치관이 다르기 때문에 믿을 수 없는 것으로 인식하는 경우가 많을 뿐이다. 조선시대에는 광대가 천한 직업 중의 하나였지만 지금이야 가수, 탤런트, 배우 등이 '스타'로서 인기몰이를 하며 돈과 명예도 가질 수 있는 선망의 직업이 되었다. 관상학에서 천하게 여기는 '광대 상'이 오히려 가장 귀한 대접을 받는 스타로 활동하고 있는 것이다. "천한 관상이라고 하더니 잘만 살더라."는 말은 바로 이런 가치관의 차이에 기인하는 경우가 많다.

"체상불여면상 면상불여안상 안상불여심상(體相不如面相 面相不如眼相 眼相不如心相)"이라는 말이 있다. "몸이 아무리 잘생겼어도 눈빛이 좋은 것만 못하고, 눈빛이 아무리 좋아도 마음이 바른 것만 못하다."는 뜻이다. 좋은 관상도 결국은 마음에 달려 있다. 심상을 착하게 가꿀 일이다. 언제라도 찰거의 대상이 될 수 있도록.

노동勞動과 근로勤勞

2017-05-01

오늘은 127회 세계노동절이다. 1884년, 미국의 노동자들이 하루 '8시간 노동제'를 주장하면서 파업을 시작한 것이 1986년 5월 1일에는 시위로 확산되어 유혈 사태로 번졌다. 1889년, 전 세계의 노동지도자들이 모여 1986년의 그날을 메이데이 즉 노동절로 정하여 기념행사를 시작한 것이 올해로 127회를 맞게 된 것이다.

우리나라에서는 광복 직후, 조선노동조합전국평의회와 대한독립촉성노동총연맹이 첫 메이데이 기념행사를 한 것으로 알려져 있다. 1957년에는 대한노총 대의원대회에서 대한노총의 창립일인 3월 10일을 우리나라의 노동절로 결의하여 1959년부터 기념행사를 가졌다. 1963년에는 정부에서 3월 10일 노동절을 '근로자의 날'로 개칭하였고, 1994년에는 노동계가 중심이 되어 기념일을 다시 5월 1일로 환원하고 '노동절'이라는 명칭을 적극적으로 사용하여 오늘에 이르고 있다. 그러나, 법률은 여전히 '근로기준법'이라고 부르고 있다. 현재 우리나라에서는 '노동'이라는 말과 '근로'라는 말에 큰 차이를 두지 않고 함께 사용하고 있지만 사실은 두 용어 사이에는 적지 않은 차이가 있다.

노동은 한자로 '勞動'이라고 쓰며 각각 '수고로울 로, 힘쓸 로', '움직일 동'이라고 훈독한다. '수고롭게 힘써 일함'이라는 뜻이다. 노동자들 스스로가 자신들의 수고로운 삶을 표현한 단어라고 할 수 있다. 근로는 '勤勞'라고 쓰며 각각 '부지런할 근', '힘쓸 로'라고 훈독한다. '부지런히 일함'이라는 뜻이다. 근로자들이 부지런히 일을 해 주기를 바라는 마음을 담은 사용자의 용어라고 할 수 있다.

사용자 없는 노동자도 없지만 노동자 없는 사용자는 더욱 있을 수 없다. 용어는 부지런히 일을 해 줄 것을 바라는 사용자의 마음을 담은 용어가 아니라, '일하는 자체'의 가치를 인정하는 방향에서 정의되어야 할 것이다.

쌓아 가는 공부와 덜어내는 공부

-

2017-05-02

"보리수라는 나무는 본래 없는 것이고, 명경대라는 누대도 없는 것이다. 본래부터 한 물건도 없었거늘 어느 곳에서 먼지가 일겠는가?(보리본무수 명경역비대 본래무일물 하처야진애-菩提本無樹 明鏡亦非臺 本來無一物 何處惹塵埃)" 이것은 불교 선종(禪宗)의 제6조로서 남종선(南宗禪)의 개창자인 혜능(惠能) 선사가 지은 것으로 전해지는 게송(偈頌: 선승의 깨달음을 담은 시)이다. 이 시는 원래 신수(神秀) 스님의 다음과 같은 시에 대해서 쓴 것이다. "나의 몸은 보리수와 같고, 나의 마음은 명경대처럼 맑으니, 때때로 부지런히 닦아내고 털어 내어서 먼지가 일지 않도록 해야지.(신시보리수 심여명경대 시시근불식 막사야진애-身是菩提樹 心如明鏡臺 時時勤拂拭 莫使惹塵埃)"

신수 스님은 지속적으로 수련하여 티끌 하나 없는 맑은 마음을 가짐으로써 도를 깨닫고자 하였다. 즉 '점수(漸修:점진적인 인지 확충)'라는 쌓아가는 공부의 길을 택했다. 그러나, 혜능스님은 모든 것은 마음에 달렸으니(일체유심조:一切唯心造) 물건에 가리지 않은 본래의 마음을 보는 것이야말로 참된 깨달음이라고 생각했다. 깨달음은 쌓아 가는 공부로 되는 것이 아니라, 마음을 비우는 그 순간이 바로 깨달음의 순간이라고 생각하여 '돈오(頓悟:직각에 바탕을 둔 순간의 깨달음)'의 길을 제시한 것이다.

공부는 쌓아 가는 공부도 해야 하고 덜어내는 공부도 해야 하는 게 아닌가 싶다. 돈오는 점수의 결과로 나타나는 경우가 많고 점수 또한 돈오의 순간이 있어야 깨달음으로 이어질 수 있을 터이기 때문이다.

오늘은 부처님오신날이다. 자신을 돌아보며 쌓아가는 공부를 해야 할 상황인지 덜어내는 공부를 해야 할 상황인지를 잘 가늠해 보아야 할 것이다. 가슴이 빈 채 머리만 채우기에 힘썼다면 덜어내는 공부에 보다 힘쓰고, 머리에 든 게 없이 가슴만 뜨거웠었다면 쌓아가는 공부에 힘써야 할 것이다. 성불하소서!

개표_{開票}와 개표_{改票}

2017-05-10

선거를 위한 투표가 끝나면 개표를 한다. 이때의 개표는 '開票'라고 쓰며 각 글자는 '열 개', '표 표'라고 훈독한다. 투표함을 열고 투표의 결과를 확인한다는 의미이다. 이승만, 박정희의 시대에는 이 개표의 과정에서 적지 않은 부정이 자행되곤 했다. 정권을 연장하고자 하는 측에서 한국전력과 사전에 모의하여 갑자기 정전을 시킨 다음, 어두운 틈을 타서 상대방의 표를 치우기도 하고 자기편 후보에 대한 몰표를 만들어 투표함에 넣기도 하였다. 불행했던 시절, 개표의 한 풍경이었다. 다시는 이런 일이 없어야 할 것이다. 그리고, 누구라도 개표의 결과를 인정하고 당선된 사람을 도와 국태민안(國泰民安:나라는 태평하고 국민은 편안하다)하도록 해야 할 것이다.

수년 전만 해도 선거 후만이 아니라, 기차역에서도 개표가 이루어졌다. 요즈음에는 전자 티켓이나 모바일

74

티켓을 사용하는 까닭에 그런 풍경을 보기가 쉽지 않지만 예전엔 역무원이 펀치기(punch器:서류나 팸플릿 따위를 묶기 위해 작은 구멍을 뚫는 기구)를 손에 들고 기차표에 구멍을 뚫어가며 표를 검사한 다음에 플랫폼으로 들여보냈었는데 이러한 일을 개표라고 했으며, 이런 작업을 하는 출구를 개표구 혹은 개찰구라고 불렀다. 이때의 개표는 '개표(改票)'라고 쓰며 '改'는 '고칠 개'라고 훈독한다.

따라서 '改票'는 직역하자면 '표를 고치다' 즉 '표를 바꾸다'라는 뜻이다. '사용 전의 표'를 '사용 후의 표'로 바뀌는 과정을 개표라고 표현한 것이다. 개찰(改札)의 '札'도 '표' 혹은 '패'의 뜻이 있으므로 改票와 改札은 같은 뜻의 다른 말이다. 다 일본식 한자어이다. 표를 검사하는 일이라면 '검표(檢票)'라고 하는 것이 훨씬 자연스러워 보인다. 언젠가 전주역에서 "改票中"이라는 전광판을 본 중국인이 "어디에 가서 표를 바꿔야 하느냐"며 당황하던 모습이 떠오른다.

우회

迂廻・迂回

–

2017-05-11

    아침에 동네 야산을 등산하다가 어느 묘 옆에 서 있
는 팻말을 보았다. "우회(右回)하시오"라고 쓰고, 그 아
래에 "오른쪽으로 돌아서 가시오."라는 설명까지 써 붙
인 팻말이었다. 등산하는 사람들이 묘역을 가로질러 다
니다 보니 아예 그게 길인 양 새 길이 생기게 되자, 묘
지 주인이 그런 팻말을 세운 것이다. 살펴보니 그 묘지
의 오른편에 본래의 길이 있었다. 주인의 뜻이 묘지 오
른편에 있는 원래의 길로 다니라는 데에 있음이 분명
했다. 등산을 마치고 내려올 때 보니 그 팻말의 뒷면에
"좌회(左回)하시오"라고 쓰고 그 아래에는 "왼쪽으로 돌
아서 가시오."라는 설명이 붙어 있었다.

    돌아서 가는 길의 방향이 좌우가 분명할 경우에는
우회(右回) 혹은 좌회(左回)라는 말을 써도 틀리다고는 할
수는 없겠으나 "돌아서 가시오."라는 뜻의 우회는 '迂

回' 혹은 '迂廻'라고 쓰고, 각 글자는 '멀 우', '돌 회'라고 훈독한다. 우회(迂廻)는 이 길은 다니는 길이 아니거나 위험한 길이니 멀더라도 돌아서가라는 뜻인 것이다. '回'나 '廻'는 둘 다 '돈다, 돌아서 간다'는 뜻이어서 특별히 구분하지 않고 사용하는 경우가 많다. 다만, '廻'는 '辶(길게 걸을 인)'을 덧붙여 '간다'는 의미를 보다 더 분명히 한 것일 뿐이다.

내가 좀 더 빨리 가기 위해서 잔디를 밟아 뭉개거나 남의 땅에 없던 길을 내면서 가로질러 가서는 안 된다. 비록 곧바로 갈 수 있는 환경이라고 하더라도 길이 아니면 우회할 줄 알아야 한다. 그게 바른 사람이고 그렇게 돌아서 갈 수 있는 여유를 가진 사회가 건강한 사회이다. 불법적인 지름길은 범죄에 다름이 아니다. 지름길을 가고 있다고 쾌재(快哉)를 부를 일만은 아니다. 지름길을 가느라 아름다운 꽃이나 맑은 시냇물을 못 볼 수도 있기 때문이다. 우회의 여유가 필요한 또 하나의 이유이다.

줄탁통시

啐啄同時

–

2017-05-15

'줄탁통시啐啄同時'는 선불교에서 스승과 제자 사이에 깨달음을 주고받는 상황을 표현한 말이다. '줄啐'은 '재잘거릴 줄'이라고 훈독하고, '탁啄'은 '쫄 탁'이라고 훈독한다. '줄啐'은 알을 깨고 나오려 하는 병아리가 어미 닭에게 신호를 보내는 소리이고, '탁啄'은 어미 닭이 병아리가 보내는 신호를 듣고 알껍데기를 쪼아서 깨주는 행위를 말한다.

그런데 이 '줄(啐)'과 '탁(啄)'은 동시에 이루어져야 한다. 때를 놓치면 병아리는 알에서 나오지 못하여 죽고 만다. 이처럼 '동시'의 의미를 강조한다면 '줄탁동시'라고 읽는 것도 틀리지 않다. 그러나 이 말은 대부분 '줄탁동시'가 아니라, '줄탁통시'라고 읽는다. 이때에 '동同'은 '통洞'과 같은 의미인데, 여기서의 '洞'은 일반적으로 사용하는 '골(골짜기) 동', '굴 동', '동네 동'으로 훈독하는 '동'의 의미가 아니라, '통철洞徹'의 의미 즉 '꿰뚫다', '꿰뚫어 보다'는 의미이다.

따라서, '줄탁통시'는 '줄啐'과 '탁啄'이 동시에 이루어져야 한다는 시간성만을 강조한 말이 아니라, 병아리와 어미닭이 서로 상황을 꿰뚫어 보는 상호교감의 감응력이 있어야 함을 강조한 말이다. 줄탁통시를 하면 줄탁동시는 당연히 이루어진다. 그러나 줄탁동시가 이루어진다고 해서 반드시 줄탁통시가 이루어지는 것은 아니다. 게다가 줄탁통시의 '통洞' 즉 '꿰뚫어 봄'의 경지는 천차만별일 수 있다. 이런 까닭에 선불교에서는 스승과 제자가 서로 교감하는 경지의 만남을 일러 '줄탁동시'라고 하지 않고 '줄탁통시'라고 하는 것이다.

스승과 제자 사이에 간절한 마음으로 '줄탁통시'를 지향하는 한 교육은 당당할 수밖에 없다. 선생님들이 먼저 당당하게 인품을 닦고 실력을 쌓아 일부 과잉 열성의 학부모들이 보이는 비교육적 극성을 물리치고 떳떳하게 '줄탁통시'를 지향하는 교육을 했으면 좋겠다. 오늘, 스승의 날을 계기로 삼아서.

삭신
色身
-
2017-05-16

봄을 거치지 않고 곧바로 여름으로 이어지는 것 같은 이상고온 때문인지 몸이 찌뿌둥하다는 사람들이 많다. 후텁지근한 채 비라도 내릴 듯 찌푸린 날씨가 되면 "삭신이 쑤신다."는 호소를 하는 노년층이 더욱 더 많아진다.

국어사전은 '삭신'을 "몸의 근육과 뼈마디"라고 풀이하고 있다. 따라서, '삭신'의 '신'은 '身(몸 신)'임이 분명하다. 그렇다면 '삭신'의 '삭'은 무슨 뜻일까? 본래는 '삭신'이 아니라 '색신(色身)'이었고, 색신(色身)은 물질적 존재로서 형체가 있는 몸이라는 뜻이다. 불가에서 말하는 육신(肉身)의 의미이다. 그런 색신이 전라도 사투리로 변하는 과정에서 삭신으로 와변(訛變:잘 못 변함)하였다.

"색즉시공 공즉시색(色卽是空 空卽是色)"이라는 말이 있다. 색은 존재이고 공은 빔 즉 무존재라는 뜻이다.

'색즉시공'은 현실의 물질적 존재는 모두 인연에 따라 만들어진 것으로서 불변하는 고유의 존재성이 없이 인연이 다하면 존재도 사라지는 것이니 색이 곧 공이라는 뜻이다. '공즉시색'은 인연으로 얽히기 이전 만물의 본성인 '공(空)'이 인연을 만나면 바로 존재를 드러내는 색(色)이 되는 것이니 공이 바로 색이라는 뜻이다. 만물의 본성인 공이 연속적인 인연에 의하여 임시로 다양한 만물로서 존재한다는 생각을 담은 말이 바로 '색이 곧 공이요, 공이 곧 색"이라는 의미의 "색즉시공 공즉시색(色卽是空 空卽是色)인 것이다. 우리의 몸도 그런 색의 존재일 뿐이라는 생각에서 색신이라는 말을 사용하였던 것이 언제부터인가 '삭신'으로 와변된 것이다.

후텁지근한 날, 삭신이 쑤시는 것은 고통일 수밖에 없다. 삭신을 무리하게 사용하여 몸살이 났거나 노화로 인해 변하는 날씨에 따른 기압을 이기지 못할 때 삭신이 쑤신다. 때로는 우울함을 못 이겨 삭신이 쑤시는 경우도 있다. 여름의 초입에서 모두가 삭신이 쑤시는 일이 없이 살았으면 좋겠다.

청강聽講, 수강受講, 방청傍聽
—
2017-05-17

　요즈음 '비정규직 제로 시대'라는 말이 화두가 되고 있는데 직장에만 비정규직이 있는 게 아니라, 대학에도 '청강생'이라는 비정규 학생이 있다. 청강생에 대해 사전은 "대학에서 특정규정에 의하여 강의를 듣도록 허용한 비정규 학생"이라는 설명을 하면서 "special student"라는 영어 풀이도 덧붙여 놓았다. 이에 반해 정규학생은 '수강생'이라고 한다.

　청강은 한자로 '聽講'이라고 쓰고 각각 '들을 청', '외울 강(말할 강)'이라고 훈독하는데, 오늘날 '講'은 '외운다'는 의미보다는 '강의(講義)'나 '강연(講演)'을 의미하는 글자로 더 많이 사용하고 있으므로 '聽講'은 글자 그대로 풀이하자면 '강의를 듣는다.'는 뜻이다. 수강은 '受講'이라고 쓰며 '受'는 '받을 수'라고 훈독하므로 '受講'은 '강의를 받는다.'는 의미이다. 강의를 '듣는 것'과 '받는 것' 사이에는 어떤 차이가 있을까? 차이가 거의 없다. 다만, '受'자는 '수용(受容)한다' '수락(受諾)한다'는 의미를 포함하고 있으므로 '자격'을 갖춘 사람으로 인정하고 받아들인다는 의미가 비교적 강하고, '聽'에는 그런 '자격'의 의미가 내포되지 않은 채 단지 '듣는다'는 의미만 있다. 이런 차이로 인하여 수강생은 정규 학생, 청강생은 비정규 학생의 의미로 쓰이게 된 것이다.

중국에서는 비정규 학생을 '방청생(傍聽生)'이라고 표현한다. '곁 방', '들을 청' 즉 정규 학생 곁에서 강의를 듣는 학생이라는 뜻이다. 우리나라에서는 '방청객', '방청석'이라는 말로만 사용하고 있다. 우리가 사용하는 청강생도 원래는 '廳講生'이라고 썼다는 견해를 제기하며 실례(實例)를 제시하는 분을 본 적이 있다. '廳'은 '마루 청'이라고 훈독한다. 수강생은 정식 학생으로 수용되어 안으로 들어와서 강의를 듣고, 청강생은 마루에서 곁다리로 듣는 학생이라는 것이다. 비정규직보다도 더 슬프게 하는 설명이다. 과연 그랬을까?

은행 · 은항 銀行

2017-05-18

‘行’이라는 한자는 훈독이 두 가지이다. ‘다닐 행’과 ‘줄(line) 항’이 바로 그것이다. 전자는 ‘행동(行動)’, ‘행로(行路)’라는 용례가 대표적이고 후자는 ‘항렬(行列)’, ‘항오(行伍)’가 대표적 용례이다. ‘유일한(柳一韓)’ 선생의 이름자에서 ‘柳’와 ‘韓’을 따서 창업한 ‘유한양행(柳韓洋行)’의 ‘行’은 ‘다닐 행’의 의미일까? ‘항렬’의 의미일까? 둘 다 아니다. 이때의 ‘行’은 ‘항’으로 읽어야 하며 ‘동업조합(guild)’과 비슷한 의미이다. ‘양항(洋行)’의 원래 의미는 ‘서양 물건 조합’이었다고 할 수 있다.

중국은 당나라 때부터 ‘항방제도(行坊制度)’를 실시하여 산업인과 상업인들의 영업장소를 도로를 경계로 블록(block: 단지團地, 구역)으로 나누어 같은 업종에 종사하는 사람들이 한 구역에 모여 영업을 하도록 했다. 이런 구역을 ‘방(坊:동네 방)’ 혹은 ‘항(行:거리 항)’이라고 불렀다.

방은 블록 내의 안쪽이고 항은 바깥쪽이다.

　방은 시쳇말로 치자면 '먹자골목'의 골목에 해당하는 개념이고, 항은 '가구점 거리'의 거리에 해당하는 개념인 것이다. 예를 들자면, 염색업자들이 모여 있는 구역을 '염방(染坊)'이라고 불렀고, 각종 철물을 파는 거리를 '오금항(五金行)'이라고 불렀다. 현대 중국어에서도 철물점은 '오금항(五金行[우진항])'이라고 한다. 그리고 은(銀)이 화폐의 가치를 나타내는 단위 역할을 했으므로 금융거리를 '은항(銀行)'이라고 불렀다. 지금도 중국에서는 '은행'이라고 하지 않고 '은항'이라고 한다. 중국어 발음으로 '인싱'이라고 읽지 않고 '인항'이라고 읽고 있는 것이다.

　우리가 사용하고 있는 은행은 사실 '항'으로 읽어야 할 '行'을 '행'으로 잘못 읽고 있는 것이다. 유한양행의 '행'도 마찬가지다. '은항', '유한양항'이 바른 발음이다. 그러나, 이미 습관으로 굳어져 버렸으니 따를 수밖에.

중구난방衆口難防과 횡설수설橫說竪說

2017-05-22

　대통령 선거를 위한 투표 전까지 우리는 각 당 후보자들이 한자리에서 벌이는 TV토론을 많은 관심을 가지고 시청하였다. 토론이 끝난 다음 날은 어김없이 전날의 토론 내용과 토론자의 어투와 태도 등이 화제에 올랐다. 만약, '막말'로 토론에 임한 후보자가 있는 날이면 그런 막말을 비판하면서 "그렇게 중구난방으로 말을 하면 되나?"라는 표현을 하는 사람이 적지 않았다.

　중구난방은 '衆口難防'이라고 쓰며 각각 '무리 중', '입 구', '어려울 난', '막을 방'이라고 훈독한다. 글자대로 해석하자면 '여러 사람이 함께 말하는 입은 막기가 어렵다'는 뜻이다. 중구난방의 원래 의미는 '여러 사람이 함께 주장하는 말을 막기 어렵다' 혹은 '여러 사람이 각기 하는 많은 말은 일일이 다 대응하여 막기 어렵다'는 뜻인 것이다.

나중에는 뜻이 확대되어 "막기 어려울 정도로 여러 사람이 마구 지껄이는 것을 이르는 말"이라는 의미도 갖게 되었다. 따라서, 한 사람이 하는 말에 대해서는 아무리 말에 조리가 없고 무례할 정도의 '막말'이라고 하더라도 '중구난방'이라는 표현을 할 수 없다. 한 사람의 입은 중구(衆口)가 아니기 때문이다. 그런데 우리 사회에서는 한 사람이 해대는 허튼 말에 대해서도 중구난방이라는 표현을 하는 경우가 적지 않다. 말의 오용이다.

이처럼 한 사람이 해대는 허튼 말에 대해서는 '횡설수설(橫說竪說)'이라는 표현이 더 적합하다. '橫'과 '竪'는 각각 '가로 횡', '세로 수, 세울 수'라고 훈독한다. 가로 방향으로 이야기를 해나가다가 느닷없이 세로 방향으로 이야기를 하는 조리 없는 말을 횡설수설이라고 하는 것이다.

대통령 후보자라면 막말을 해대거나 횡설수설하는 일은 없어야 할 것이다. 말이 바로 서야 바른 세상이 된다. 부드러우면서도 조리가 있는 말로 원만한 소통이 이루어지는 사회가 선진사회이고 좋은 사회이다.

금슬
琴瑟
–
2017-05-23

　사이가 좋은 부부를 흔히 "금실이 좋다"고 표현하는데 사실 '금실'은 틀린 말이다. '금슬'이라야 맞다. 금슬은 '琴瑟'이라고 쓰고 각각 '비파 금', '비파 슬'이라고 훈독한다. 금(琴)과 슬(瑟) 둘 다 현악기인 것이다. 악기가 어떻게 '사이가 좋은 부부'를 칭하는 말이 됐을까?

　중국 최초의 시가총집으로서 주(周 BC 1046~BC 771)나라 때의 노래가사를 모아놓은 책인 《시경(詩經)》의 첫 편인 「관저(關雎)」에는 다음과 같은 시가 있다. "꾸욱꾸욱 우는 저구새가 강의 섬 모래톱에 있네. / 아리따운 아가씨는 군자의 좋은 짝이지. / …… / 들쭉날쭉 마름풀을 이곳저곳에서 캐 담네. / 아리따운 아가씨와 금(琴)도 타고 슬(瑟)도 타며 즐겁게 지낸다네……(關關雎鳩, 在河之洲. 窈窕淑女, 君子好逑……參差荇菜, 左右采之. 窈窕淑女, 琴瑟友之.)"

　이 시는 암수 간에 사이가 좋은 '저구새'가 물가에서

정답게 노는 것을 보면서 선남선녀(善男善女)의 아름다운 사랑을 연상하며 지은 시이다. 점점 깊어지는 연애과정을 거쳐 마침내 결혼에 이르게 됨을 노래한 연애시인 것이다. 처음엔 아예 만날 기회조차 없어서 애태우다가 어느 날부터인가 이 아가씨도 만나보고 저 아가씨도 만나보며 교제를 하게 되었는데 이 교제상황을 "들쭉날쭉 마름풀을 이곳저곳에서 캐 담네. / 아리따운 아가씨와 금(琴)도 타고 슬(瑟)도 타며 사이좋게 지낸다네."라는 시로 표현한 것이다. 오늘날로 치자면 거듭되는 소개팅을 통해 처음 만난 사람과 음악을 함께 들으면서 즐거워하는 상황이라 할 수 있다.

처음 만난 이때처럼 남녀 간에 예의가 바른 때가 없다. 좋은 점만 보이려고 애쓰는 때이다. 평생을 이렇게 처음 만났을 때처럼 산다면 정말 행복한 남녀이다. 이런 남녀 사이를 《시경(詩經)》은 "금슬우지(琴瑟友之)"라는 말로 표현했고 여기서 '금슬琴瑟'이라는 말이 나왔다.

사족
四足

—

2017-05-30

무언가를 너무 좋아하여 어쩔 줄 모르는 상태를 일러 흔히 "사족을 못 쓴다."는 표현을 한다. "명품 가방 하나를 선물로 받더니 좋아서 사족을 못 쓰네 그려."라는 식의 표현이 바로 그런 용례이다. 결코 좋은 의미는 아니다. 적잖이 비아냥대는 의미가 들어 있다. 그래서 '사족'이라는 단어를 사용했다.

사족은 '四足'이라고 쓴다. '네 발'이라는 뜻이다. '네 발 달린 짐승'이라는 말에서 보듯이 동물에게나 '네 발'이라는 말을 사용하지 사람에게는 그런 말을 사용하지 않는다. 사람에게는 '사지(四肢)'라는 말을 사용한다. '肢'는 '지체(肢體) 지'라고 훈독하는데 '지체'란 몸통이 아닌 '곁 몸' 즉 팔다리를 이르는 말이다. 그러므로 요즈음 한자사전에는 '肢'를 아예 '팔다리 지'라고 훈독한 경우도 있다.

사족(四足)은 사지(四肢)의 비속어(卑俗語:비하하거나 속되게 표현한 말)이다. 뭔가를 지나치게 탐닉(耽溺:좋아하고 즐김에 빠져버림. 耽:즐길 탐, 溺:빠질 닉)하는 것을 비루하고 속된 일로 여긴 나머지 그처럼 탐닉하는 사람을 짐승에 비유하여 '사족'이라는 말이 만들어진 것이다.

한 가지 일에 지나치게 애착을 갖거나 욕심을 냄으로써 중심을 잡지 못하고 어쩔 줄 모르는 것은 결코 바른 인격이 아니다. 그처럼 지나친 애착이나 탐욕은 반드시 문제를 일으킨다. 자식 앞에서 사족을 못 쓸 정도로 지나친 사랑을 보이면 자식이 병들고, 재물 앞에서 지나친 욕심을 보이면 남의 원망을 사서 결국은 패가망신에 이른다.

사람은 조금은 담담하게 살 필요가 있다. 담담함은 곧 맑음이다. 마음이 맑아야 사지를 움직여 떳떳하게 살 수 있다. 사족을 쓰지 못하는 사람은 사람이 아닐 뿐 아니라, 동물 중에서도 '네 발'에 병이 들어 몸조차 움직일 수 없는 동물에 해당한다. 무서운 말이다, 내게도 남에게도 결코 함부로 쓸 말이 아닌 것이다.

현충일

顯忠日

--

2017-06-05

내일은 현충일이다. 현충은 '顯忠'이라고 쓰는데 각 각 '나타날 현', '충성 충'이라고 훈독한다. 여기서의 '忠'은 '충성'으로 풀이하기보다는 '충혼(忠魂:나라를 위해 충성을 다한 분의 혼)'으로 풀이하는 게 좋겠다. 따라서 '현충'은 '충혼이 나타난다.'는 뜻이고, 현충일은 '나라를 위해 목숨을 바치신 충혼이시여! 오늘 하루라도 우리 앞에 나타나시옵소서!'하고 빌면서 나타나신 충혼을 향해 추모의 제사를 올리는 날이다.

6·25 전쟁으로 인해 이 땅에서는 수많은 사람들이 죽었다. 군인은 전쟁을 하다가 죽었고, 일반인은 피란을 다니다가 날아온 총알이나 포탄의 파편에 맞아 죽었다. 그리고 또 많은 사람들이 인민군에게 끌려가서 죽었고, 더러는 우리 국군에 의해 공산당으로 몰려 죽기도 했다. 이념의 노예가 되어 같은 민족끼리 서로를 반

드시 죽여야만 할 원수로 여기며 벌인 처참한 전쟁이었
다. 전쟁이 끝난 후, 전사한 군인들을 안장하기 위해 동
작동에 국립묘지를 조성하면서 현충일도 제정하였다.
이후, 국립묘지에는 꼭 군인이 아니더라도 나라를 위해
공을 세운 분들이 안장되었다.

해마다 현충일이면 국립묘지는 나라를 위해 싸우다
돌아가신 아버지, 삼촌, 오빠를 찾아오는 사람들의 눈
물로 젖는다. 나라에다 아들을 바친 부모들의 피눈물
이 고인다. 뉘라서 그 눈물을 보며 가슴이 저미지 않겠
는가? 그런데, 언제부터인가 현충일을 현충일답지 않게
보내는 사람이 많아졌다. 아침 일찍 조기를 다는 사람
도 많지 않고 10시에 울리는 사이렌 소리에 맞춰 묵념
을 올리는 사람도 드물다. 현충일엔 전 국민이 한마음
한뜻으로 충혼을 기리는 마음을 가져야 한다.

"겨레와 나라 위해 목숨을 바치니 그 정성 영원히 조
국을 지키네. 조국의 산하여 용사를 잠재우소서… 임들
은 불멸하는 민족혼의 상징…." 우리 국민 중에 현충일
노래를 다 부를 수 있는 사람이 몇이나 될까?

맥추

麥秋

-

2017-06-07

오랜 문명의 누적으로 인하여 한국과 중국을 중심으로 하는 한자문화권 국가에는 매 월(달)에 대한 이칭도 많다. 음력 4월의 경우, 여름의 시작이라는 의미에서 '초하(初夏 初:처음 초)', '맹하(孟夏 孟:맏 맹)', '시하(始夏 始:비로소 시)', '유하(維夏 維:벼리 유)'라는 말을 사용하기도 한다. '아직 봄이 다 가지 않아 꾀꼬리가 우는 여름'이라는 의미에서 '앵하(鶯夏)'라고도 하고, 강아지풀의 이삭이 피기 시작하는 계절이라는 의미에서 '수요절(秀蔆節 秀:빼어날 수 蔆:강아지풀 요)'이라고도 한다.

음력 4월을 달리 표현하는 말 중에 '맥추(麥秋)'라는 말도 있다. '麥'은 '보리 맥'이다. 직역하자면, '보리가을'이다. 가을은 모든 곡식이 여무는 계절이다. 음력 4월은 비록 여름이기는 하지만 보리가 익어 가는 철이기 때문에 그렇게 부르는 것이다. 올해는 5월에 윤달이 들어서 해가 더디 가는 때문인지 이미 5월임에도 아직 들판에서는 보리가 누렇게 익어가고 있다. 그래서 그런지 요즈음 며칠 동안 아침과 저녁으로는 마치 가을날처럼 쌀랑쌀랑했었다. 모든 곡식이 여물기 위해서는 이처럼 약간의 추위 즉 가을기운이 있어야 한다. 사람도 마찬가지리라. 야무지게 여물기 위해서는 적절한 시련이 있어야 할 것이다.

중국 송나라 때의 문호 소동파는 맥추 풍경을 "더운 비는 보리가을이 지나기를 기다리고 있고, 훈훈한 바람은 누에치는 노인에게 불어오네(暑雨避麥秋 溫風送蠶老)"라고 읊었다. 보리 익으라고 더운 장맛비가 내리기를 참고 있는데, 다른 한편으로는 누에치는 노인이 추울까봐 따뜻한 바람이 분다는 표현이 정겹다.

우리에게도 이런 풍경이 있었다. 보리가을의 서늘한 날씨 땜에 아침이면 이불을 끌어당기며 늦잠을 자다가 어른들께 혼나기도 했었고, 누에를 치던 방에서는 누에들이 뽕잎을 먹는 소리가 어느 음악보다도 조용하면서도 상쾌하게 들려왔었다. 그리운 풍경이다.

역학疫學 역학力學

조류독감이 다시 창궐하면서 뉴스에 '역학조사'라는 말이 자주 나오고 있다. 역학은 '疫學'이라고 쓰는데 '疫'은 '전염병 역'이라고 훈독하고 '學'은 당연히 '학문'이라는 뜻이다. 그러므로 국어사전은 역학을 "어떤 지역이나 집단 안에서 일어나는 질병의 원인이나 변동 상태를 연구하는 학문"이라고 풀이하고 있으며 "현재는 재해나 공해 따위의 문제도 다룬다."는 설명을 덧붙이고 있다. 따라서, '역학조사'라는 말은 사실상 '전염병의 발생과 전파의 경로를 조사한다.'는 의미이다.

그러나, '역학조사'라는 말은 적잖이 매끄럽지 못한 말이다. '역학적 조사'라는 표현이 보다 더 정확한 표현이다. '역학 조사'는 역학이라는 학문 자체를 조사한다는 뜻이므로 그 의미가 애매하고, 역학적 조사는 전염병의 발생과 전염경로를 역학이라는 학문적 방법을 통해서 '역학적으로 조사한다'는 뜻이기 때문이다.

'疫學'과는 전혀 다른 의미의 '力學'이라는 말도 있다. '힘 력(力)'자이므로 힘과 관련이 있는 단어임이 분명하다. 국어사전은 '力學'을 "물체의 운동에 관한 법칙을 연구하는 학문"이라고 풀이하고 "힘의 평형을 다루는 정역학(靜力學), 힘과 운동의 관계를 다루는 동역학(動力學), 운동만을 다루는 운동학(運動學)이 있다."는 설명을 덧붙이고 있다. '力學'이란 말은 물리학 전공자가 아닌 일반인들도 많이 사용한다. 특히 정치인들이 세력의 판도를 설명할 때 '역학관계'라는 말을 자주 사용함으로써 우리의 귀에 익숙해졌다. '역학관계'를 국어사전은 "부분을 이루는 요소가 상호 의존적 관계를 가지고 서로 제약하는 현상"이라고 풀이하고 있다.

정의(正義)와 지조(志操)를 도외시한 채 역학관계만을 셈하여 철새처럼 당적을 바꾸는 정치인들은 그 이동 경로를 역학적(疫學的)으로 조사할 필요가 있다. 우리의 정치를 불의와 담합(談合)과 협잡(挾雜)으로 오염시키는 무리들이기 때문이다.

지단鷄蛋[계단]과 계란鷄卵

2017-07-03

TV 요리프로그램에서 요리사들은 "지단을 얹어서 모양을 낸다."는 둥, "채 썬 지단을 넣는다."는 둥, '지단'이라는 말을 적잖이 사용한다. 이 때 요리사가 '지단'이라고 표현하는 식재료를 보면 노란 달걀부침을 채 썬 것을 지칭하는 경우가 대부분이다. 왜 '달걀부침', 혹은 '계란부침'이라고 하지 않고 '지단'이라고 하는 것일까?

'지단'은 '鷄蛋[계단]'의 중국어 발음이다. '鷄蛋'은 '닭 계', '알 단'으로 훈독하며 '닭의 알'이라는 뜻이다. 그런데, '鷄'에 대한 중국어 발음은 '지[ji]'이다. 그리고 '蛋'은 우리 식 한자 발음이나 중국어발음이 다 같이 '단[dan]'이다.

그러므로, 현대 중국어에서의 '지단(딴)'은 날달걀이든 익은 달걀이든 계란프라이(fried egg)이든 계란말이든 식재료로 사용한 계란 즉 달걀을 통칭하는 말이다.

지단의 중국어가 鷄蛋이고 그것을 한국어발음으로 읽으면 '계단'임에도 한국식 한자발음으로 읽지 않고 중국어 발음으로 읽는 '지단'이라는 말이 언제부터인가 요리사들 사이에 정착되어 습관적으로 사용되고 있는 것이다.

계단(鷄蛋)과 계란은 또 어떤 차이가 있는 말일까? 우리가 일상으로 사용하는 계란(鷄卵)의 '卵'도 '알 란'이라고 훈독하며 '알'이라는 뜻의 한자이다. 蛋과 卵이 다 '알'이라는 뜻의 한자인 것이다. 그런데 양자 사이에는 분명한 차이가 있다. '蛋'은 껍데기가 있는 '조류의 알'을 통칭하는 한자이고, '卵'은 껍데기가 없는 어류나 곤충, 혹은 포유류의 알을 뜻하는 한자이다.

따라서, 명란젓, 난자(卵子)등은 맞는 말이지만 계란은 계단(鷄蛋)이 맞는 말이다. 말의 변화가 참 재미있다. 알고 보면 분명한 '오용(誤用)'인데 그것이 '바른 말'로 통용되는 경우가 많다. '약정속성(約定俗成)' 즉 '약속으로 정해져서 풍속이 된' 후로는 더 이상 따지지 않고 '통용'으로 굳어지기 때문이다.

구실
口實
—
2017-07-04

"마땅히 해야 할 책임"이라는 뜻을 가진 단어인 '구실'의 한자 표기는 '口實'인데 각 글자는 '입 구', '사실 실'이라고 훈독한다. 그러므로 구실은 원래 '입에 채워주는 실질적 물건'이라는 뜻이었다. 즉 '먹거리'를 통칭하는 말이었는데 나중에는 뜻이 확대되어 봉록(俸祿) 즉 월급이라는 의미도 갖게 되었다. 뿐만 아니라, 저승길에 먹으라며 죽은 사람의 입에 넣어주던 밥을 구실이라고도 했다.

먹거리나 월급처럼 현실성이 짙은 '사실'은 없다. 그래서 구실은 사실에 바탕을 둔 '바른 말(정론:定論)'이라는 의미로까지 뜻이 확대되었다. 중국 송나라 사람 소순(蘇洵)이 쓴 〈중형자문보설(仲兄字文甫說:둘째 형의 자字를 '문보'라고 지은 것에 대한 설명)〉에 나오는 "옛날 군자들은 말로 일을 해결하려 하지 않았다. 부득이한 경우, 말을 하면 천하 사람들은 그 말을 정론으로 여겼다.(昔者君子…不求有言, 不得已而言出, 則天下以爲口實)"라는 구절이 대표적인 용례이다. 우리가 흔히 사용하는 "제 구실도 못한다." 는 말도 원래는 제 입을 채울 먹거리도 제대로 못 챙긴 다는 의미였으나 이것이 나중에 역할이나 책임이라는 말로 뜻이 확대 되었다.

제 구실을 못하는 사람이 많은 세상은 위험한 세상이다. 의사가 제 구실을 못하면 죽지 않아야 할 사람이 죽게 되고, 교사가 제 구실을 다하지 못하면 남의 귀한 자식들을 망칠 수 있으며, 군대가 제구실을 못하면 나라가 망한다. 입을 실질과 사실로 채움으로써 각자가 구실을 다하는 세상이 되어야 한다.

그런데 우리 사회에서는 구실이라는 말이 '핑계'라는 부정적 의미로 사용되는 경우가 더 많은 것 같다. 구실을 확실히 하는 것은 좋은 일이지만, 없는 구실을 찾거나 뭔가를 구실삼아 다른 일을 하려 하는 것은 나쁜 짓이다. 정부도 개인도 뭔가를 구실 삼으려 하는 태도를 버리고 제 구실을 다하도록 해야 할 것이다.

대동여지도

大東輿地圖

–

2017-07-05

김정호(金正浩 ?~1866) 선생이 제작한 대동여지도(大東輿地圖)는 우리나라 최초로 실측하여 그린 전도(全圖)로서 그 과학성과 정밀성을 높이 평가받고 있다. 大東輿地圖의 '輿'는 '수레 여', '가마 여'라고 훈독하며 '탈것'을 의미하는 글자이다. 수레가 물건을 싣듯이 땅은 이 세상에 존재하는 모든 것을 싣고 있기 때문에 땅을 수레에 비유하여 '여지(輿地)'라고 했다. 즉 '여지(輿地)'는 땅, 지구, 대지 등의 의미로 사용하는 하나의 상용어인 것이다.

그렇다면 '대동(大東)'은 어떤 의미일까? 직역하자면 '큰 동쪽'이라는 뜻인데 이는 우리나라를 지칭하는 말이다. 조선 초기에는 대동이라고 하지 않고 '동국'이라고 했다. 한자에 대한 조선의 표준음을 정할 목적으로 세종 30년(1448)에 간행한 《동국정운(東國正韻)》에 사용한 '동국'이 그 대표적인 예이다. 《동국정운(東國正韻)》의 '동국'은 원래 명나라 홍무(洪武1368~1398) 연간에 발간된 중국의 운서 《홍무정운(洪武正韻)》의 '홍무'에 대한 상대적 개념으로 택한 단어였다.

그러나, 동국정운 이후로 조선의 선비들은 단지 중국의 동쪽에 위치한 나라라는 의미만을 취하여 명나라에 대한 사대적 입장에서 조선이라는 국호 대신에 동국이라는 표현을 즐겨 사용했다. 명나라가 망하고 청나라가 들어섰음에도 명나라에 사대했던 선비들은 청나라를 오랑캐의 나라로 보는 입장에서 우리의 위상을 높이기 위해 '東'에 '큰 대(大)'자 하나만 붙여 '大東'이라는 단어를 사용했다. 대동여지도가 그 대표적인 예이다. 동국보다는 주체성이 조금 더 담긴 단어이기는 하지만 '조선여지도'라고 하지 못한 점이 아쉽다.

지금 중국이 다시 최강대국으로 부상하고 있다. 그럴수록 우리는 중국에 대해 당당한 외교를 벌여야 함은 물론 중국문화에 대한 한국문화의 차이점을 적극적으로 연구해야 한다. 다시는 사대주의의 늪에 빠지지 않기 위해서.

재수

財數

—

2017-07-06

요즈음 젊은이들 사이를 대화를 듣다보면 "재수 없어!"라는 말을 많이 하는 것을 발견할 수 있다. 미팅에 나갔다가 엉뚱한 사람을 만나게 된 상황을 친구에게 설명할 때도 "헐~ 재수 없어!"라는 말을 하고, 예상과 영 다른 시험 문제지를 받고서 당황했던 상황을 설명할 때도 결론은 "아이, 재수 없어!"라는 말로 내린다. 심지어는 주문한 음식이 예상보다 맛이 없을 때도 "재수 없어!"라는 말을 한다. 행운을 잡지 못한 상태 즉 'unluckily'한 상태를 재수 없다고 표현하고 있는 것이다.

재수는 한자로 '財數'라고 쓰며 각각 '재물 재', '셈 수'라고 훈독한다. '셈 수'라고 훈독하는 '數'자는 '세다'라는 동사와 '셈'이라는 명사에 바탕을 둔 수학(數學), 계수(計數), 지수(指數) 등에 많이 사용하는 글자인데 이러한 '셈'의 개념으로부터 의미가 확대되어 사람의 운명을 셈하는 '운수(運數)'라는 말도 나오게 되었다. 이처럼 운수라는 의미를 가진 '數'가 재물을 뜻하는 '財'와 결합하여 '재수(財數)'라는 말이 만들어졌다. 따라서 재수의 본디 뜻은 '재물에 대한 운수'이다. 재물이 생기는 것은 물론 좋은 일이다. 따라서 재수라는 말은 나중에 "재물이 생기거나 좋은 일이 있을 운수"를 통칭하는 말로 사용하게 되었다.

요즈음 젊은이들이 습관적으로 사용하는 "재수 없어"라는 말이 꼭 재물에 대한 운수만을 뜻하지는 않을 것이다. 총체적으로 운이 없다는 표현일 것이다. 은연중에 자신의 삶을 운명에 맡기고 있다는 내심을 드러내는 표현이다. 그만큼 우리 사회에 노력의 대가보다는 타고난 운에 의해 삶이 달라지는 현상이 많음을 반영한 하나의 유행어라고 생각한다. 우리 젊은이들이 웬만하면 '재수 없어'라는 운명적인 말보다는 그냥 '기분 나빠' 정도의 일시적 상황을 표현하는 말을 사용했으면 좋겠다. 비록 세상이 '금 수저'와 '흙 수저'라는 운명적인 차이로 나뉘어 있다고 하더라도 말이다.

요리

料理

–

2017-07-10

　요즈음 TV 프로그램에 지나치다 싶을 정도로 요리에 관한 프로그램들이 많다. 결식아동이나 끼니를 거르는 독거노인들이 이런 프로그램을 보면 얼마나 먹고 싶어 할까 하는 생각에 괜히 미안한 안타까움을 느낄 때가 많다. TV에 나와 각종 요리를 현란하게 하는 사람들을 흔히 셰프(chef)라고 부른다. 주방장이라는 뜻이라고 한다. 영어에서도 일반적 의미의 '요리하는 사람'이라는 뜻은 'cook'이라는 단어를 사용하고 있는 것으로 안다. cook은 요리하다는 동사와 요리사라는 명사를 겸하고 있는 것이다. 우리도 음식은 만들지만 주방의 장이 아닌 사람은 일반적으로 요리사라고 부른다.

　'요리(料理)'라는 말의 원래 의미는 '일을 잘 헤아려 순리대로 처리한다'는 뜻이었다. '料'는 '쌀 미(米)'와 '말 두(斗)'가 합쳐진 글자로서 '쌀을 말로 되어 헤아린다'는

106

의미이고, '理'는 '구슬 옥(玉)'과 '마을 리(里)'가 합쳐져서 이루어진 글자인데 '里' 즉 마을은 지형과 지세에 따라 사람들이 가장 편하게 살 수 있도록 자연스럽게 형성되는 것이므로 '里' 안에 이미 '순리'라는 의미가 내포되어 있다.

'理'는 옥을 가공할 때 결에 따라 순리대로 잘 다듬듯이 일을 순리대로 처리하거나 질서가 있음을 뜻하는 글자이다. 그러므로 料理가 쌀을 말로 되어 헤아리듯이 사물을 질서 있게 파악하고 순리대로 처리한다는 의미를 갖는 것은 당연하다. 조선왕조실록에 나오는 "군무(軍務)를 料理한다"는 말을 비롯하여 모든 料理는 다 이런 뜻으로 사용되었다.

근대 일본에서 '料理'를 음식을 만드는 일을 뜻하는 단어로 사용한 것이 항일시대에 우리나라에 들어와 우리 사회에 요리, 요리사, '요리 집'이라는 말 등이 정착하게 되었다.

조리

調理

–

2017-07-11

조리(調理)는 현재 우리 사회에서 요리(料理)라는 말과 같은 의미로 사용하며, '음식을 만든다'는 뜻이다. 그러므로 요리사를 조리사라고도 한다. 그런데 조리라는 말도 원래는 '잘 조절되어 질서가 있음'이라는 의미이거나 '조화롭게 질서가 있도록 잘 다스림'이라는 의미로 사용하던 말이다. "하는 말에 조리가 있다"고 할 때는 전자의 의미를 취한 것이고, "몸 조리 잘 하세요"라고 할 때는 후자의 의미를 따른 것이다. 조선왕조실록에 나오는 조리는 거의 대부분 후자 즉 '몸 조리 잘 하라'는 의미로 사용되었다. 세종실록에 나오는 "복통이라면 약을 복용하고 조리(調理)하여 서연(書筵)에 나와 강(講)을 들음으로써 편찮다는 말이 상총(上聰:임금의 귀)에까지 들리지 말게 하소서"라는 구절이 바로 그러한 예이다.

중국어에서도 調理는 '잘 조절되어 질서가 있음'이라는 의미로 주로 사용한다. 물론 약재를 포함하여 여러 가지 식재료를 함께 넣어 오래 삶거나 푹 고는 음식을 대상으로 말할 때는 더러 조리한다는 표현을 한다. 일상의 식재료와 함께 비교적 특별한 약재를 식재료로 사용하기 때문에 종류나 양을 잘 선택하고 조절해야 하므로 이런 경우에 한하여 특별히 '調理'라는 말을 사용하는 것이다. 요리와 마찬가지로 조리라는 말 역시 근대 일본에서 사용하기 시작한 말인데 항일시대에 우리나라에 들어와 이제는 우리말이 되어 버렸다.

일본은 근대화 과정에서 서구의 문물을 앞서 받아들이면서 서양의 화려한 궁중요리나 귀족들의 질서 있는 격식을 차린 식탁문화와 계량(計量)컵이나 계량 순갈로 정확하게 레시피(recipe)를 기록한 것을 보고서 음식도 잘 조절하여 질서 있게 만들어 먹어야 한다는 생각에 요리니 조리니 하는 용어를 사용하게 된 것 같다. 칼로리와 식재료를 정확히 계산하여 조화롭고 질서가 있는 음식을 만들어 먹자는 과학적 사고의 결과로 나타난 용어들인 것이다.

취사

炊事

—

2017-07-12

　요리(料理)나 조리(調理)라는 말이 원래는 음식을 만드는 일을 표현하는 용어가 아니었음을 앞서 밝힌 바 있다. 그렇다면 우리나라에서는 음식을 만드는 일을 어떻게 표현했을까? '취사(炊事)'라는 말을 사용했다. '炊'는 '불 땔 취'라고 훈독하는 글자이므로 炊事는 직역하자면 '불을 때는 일'이다. 음식을 만들기 위해서는 당연히 불을 때야 한다. 그래서 '불을 때는 일'로 '음식을 만든다'는 의미를 표현했다. 매우 우회적이면서도 낭만적이고 철학적인 표현이다. 인간만이 불을 사용하기 때문에 식재료를 날로 먹지 않고 익혀 먹는 인간의 음식을 만드는 일을 취사라고 표현한 것이다.

　불을 때는 일을 한다는 것은 동물과 다른 일을 한다는 의미이자, 죽은 사람은 할 수 없는 산 자만이 할 수 있는 일이라는 점을 드러내서 인간과 동물의 차이, 삶

과 죽음의 갈림길에 대한 사고를 유도하고 있다. 간단
하고 소박한 표현이면서도 인간의 원초적인 존재 가치
를 암시하고 있는 용어인 것이다. 사람의 죽음을 표현
한 속담에 "연기 안 나는 동네로 갔다"는 말도 있다. 취
사라는 말에 내재한 우리 민족의 형이상학적 사고를 또
한번 볼 수 있는 속담이다.

중국에서는 일본으로부터 요리나 조리라는 말이 들
어오기 전에 일반적으로 '做飯'이라는 말을 사용했다.
'할(do) 주, 지을 주', '밥 반'이라고 훈독하는 글자들이
다. '밥을 한다'는 뜻이다. 취사와는 대조적으로 매우 직
접적이고 노골적이며 현실적인 표현이다. 말 하나를 통
해서도 그 민족의 미감과 사고방식을 볼 수 있음이 새
삼 놀랍다.

군대에서 식사를 책임지는 병사를 '취사병'이라고
하고, 가족을 떠나 혼자 밥을 지어 먹으며 학교나 직장
을 다니는 것을 '자취(自炊)'라고 한다. 이제는 요리나 조
리 앞에서 취사라는 말이 생소하기까지 하지만 실은 가
장 소박하고 아름다운 용어이다. 본래 음식은 왕이든
백성이든 그렇게 소박하게 지어 먹어야 하기 때문이다.

화채

花菜

—

2017-07-18

날씨가 매우 덥다. 수박을 사들고 가는 사람들이 눈에 많이 띈다. 시원한 수박을 숭숭 썰어 와삭하고 베어물어, 흐르는 수박 물을 한 방울도 흘리지 않을 양으로 '후루룩'하고 흡입하며 깨물면 그 달콤하고 시원한 맛에 더위가 주춤 물러선다. 수박을 먹는 가장 일반적인 방법이다. 예전에는 수박화채를 많이 해 먹었는데 요즈음에는 숭숭 잘라서 후루룩 먹는 사람이 더 많은 것 같다. 화채 만들기가 적잖이 귀찮기 때문이다.

화채는 참 아름다운 이름이다. '꽃 화(花)'에 '나물 채(菜)'를 쓰기 때문이다. 직역하자면 '꽃 나물'이다. 나물은 "고사리, 도라지, 두릅 등 사람이 먹을 수 있는 풀이나 나뭇잎 따위를 통틀어 이르는 말"이기도 하고, 그런 "나물을 삶거나 볶거나 혹은 날것으로 양념하여 무친 음식"을 이르는 말이기도 하다.

그러나, 화채의 '채'는 비록 '나물 채(菜)'를 쓰기는
하지만 결코 나물과 같은 반찬은 아니다. 이때의 '채
(菜)'는 그냥 '먹거리'라는 뜻이다. 화채는 꽃을 직접 넣
거나 꽃모양을 내어 만든 '꽃 먹거리'인 것이다. 그러므
로, 국어사전은 화채를 "꿀이나 설탕을 탄 물이나 오미
잣국에 과일을 썰어 넣거나 먹을 수 있는 꽃을 뜯어 넣
고 잣을 띄운 음료"라는 풀이를 하고 있다.

우리는 시원한 음료를 이처럼 아름답게 만들어 먹었
었다. "보기 좋은 떡이 먹기도 좋다"는 속담처럼 예쁘게
만든 화채는 정말 보기도 좋았고 먹기도 좋았다. 그런
데 이런 화채가 차츰 우리 생활에서 멀어져 가고 있다.
쉽게 뽑아먹을 수 있는 냉커피의 맛에 익숙해진 데다가
과일을 먹더라도 그냥 싹둑 잘라서 '와삭', '후루룩' 깨
물어 쉽게 먹어버리는 그 '쉬움'에 길들여져 있기 때문
이다. 더위는 쉽고 편리한 방법만으로는 쫓아지지 않는
것 같다. 마음 안에 화채를 만들어 먹고자 하는 여유가
자리할 때 비로소 더위가 멀어지는 것이 아닐까?

이승乘과 저승乘

2017-07-20

저승사자는 "저승에서 염라대왕의 명을 받고 죽은 사람의 넋을 데리러 온다는 심부름꾼"을 지칭하는 말인데 네 글자를 다 한자로 쓸 수는 없고 반반씩 사용하여 '저乘使者'라고 쓸 수밖에 없다. '使者'는 '부릴 사, 심부름 사'와 '놈(사람) 자'로 이루어진 단어로서 '심부름꾼'이라는 의미의 한자어이지만, 저승은 순수한 우리말도 아니고 한자어도 아닌 순우리말과 한자어의 합성어이기 때문이다.

저승의 '저'는 '저것', '저편' 즉 'that'이라는 뜻의 지시대명사이다. '乘(탈 승)'은 '生(살 생)'에 어원을 둔 말이라고 한다. 따라서 저승은 곧 '저 생'이고 '저 생'은 바로 '저편의 삶'이라는 뜻이다. 저승의 반대말은 이승인데 이승은 곧 '이 생(生)' 즉 '이편의 삶'이라는 뜻이다. 이승의 '이' 역시 영어의 'this'와 같은 의미의 지시대명사인

것이다. 나중에 '이 생'과 '저 생'의 '生'이 불교 용어인
'승(乘)'으로 대체되어 이승과 저승이 되었다.

'승(乘)'은 생사의 고해를 벗어나 마침내 도달하게 된
깨달음의 세계를 이르는 말로서 '대승(大乘)'과 '소승(小
乘)'의 '乘'이 곧 그런 의미이다. 따라서 '이승(乘)'과 '저
승(乘)'은 '이 깨달음의 세계', '저 깨달음의 세계'라는 뜻
으로서 '이 세상'에서도 깨달음을 얻는 노력을 해야 하
고 '저 세상'에 가서도 깨달음을 얻는 노력해야 한다는
불교의 교의가 강하게 담긴 말이다.

이승을 마치고 저승에 가면 다시 심판을 받아 좋은
곳으로 가는 사람이 있는가 하면 한없는 고통을 받는
곳으로 가기도 한다고 가르치는 게 종교이다. 종교의
힘으로 이승의 인간들을 도덕적으로 살게 하고자 저
건너편의 저승을 설정한 것이다. 꼭 종교적 의미의 저
승을 생각하지 않더라도 그저 인간 자신의 힘으로 현
세를 도덕적으로 살려고 하는 의지를 키워야 할 것이
다. 천성이 선한 인간성을 회복하는 교육이 바로 그런
교육이다.

산재
散在
—
2017-07-25

　우리 사회에서 한자를 몰아내고 완전한 한글전용을 이루기 위해 일상에서 흔히 사용하는 한자어마저도 순우리말로 풀어서 사용하자는 주장이 있다. 물론, 순우리말을 사용하면 할수록 좋다. 인터체인지(interchange)를 '나들목'이라고 고쳐 부르는 것은 참 잘한 일이다. 그런데, 우리 사회에 이미 정착한 한자어 중에는 순우리말로 풀어쓸 경우 본래 한자어의 의미나 품격을 제대로 전달하지 못하는 경우가 너무 많다. '위(胃)'를 '밥통'이라고 할 경우, 바로 동물이 연상되어 뜻도 제대로 전달되지 않을 뿐 아니라, 말의 품격은 현격하게 저속해진다.

　순우리말로 풀어쓸 경우 원래의 한자어와 같은 뜻인 것 같으면서도 미묘한 차이가 있는 경우는 더더욱 많다. '산재(散在)'라는 단어가 그런 경우이다. 글자대로 훈

독하자면 '흩어질 산', '있을 재'이므로 散在는 '흩어져
있다'는 뜻이다. "문화재가 산재해 있다"는 말은 "문화
재가 흩어져 있다"는 뜻인데 누군가가 일부러 흩어놓아
서 흩어져 있는 상태가 된 것으로 들리는 것을 피할 수
없다.

문화재가 산재하는 것은 누가 흩어 놓아서가 아니
라, 옛날에 있던 것들이 대부분 없어지고 일부만 남아
서 결과적으로 흩어져 있는 상태가 된 것이기 때문에
그냥 '흩어져 있다'는 말로만 표현하기에는 조금 부족한
것이다. '군데군데 있다'와 '이곳저곳에 있다'는 말로 대
체하자니 '드문드문 있다' 즉 "어쩌다 조금씩 있다."로
이해되어 본의 아니게 그 양이 적다는 의미가 따라붙게
된다. '여기에도 있고 저기에도 있다'는 말로 대체하고
보면 '없는 곳이 없이 어디에라도 있다'는 뜻이 되어 이
또한 산재가 가진 본래의 뜻과는 적잖은 거리가 있다.

결국, 아무리 풀어써도 원래 '散在'가 가진 의미를
완전하게 전달하지 못한다. 한자, 우리 사회에서 그처럼
몰아내려고 애쓸 문자가 아님을 직시해야 할 것이다.

양해각서諒解覺書와 MOU(1)

2017-07-26

얼마 전만 해도 외교에 관한 소식을 전하는 뉴스를 통해 "양해각서를 교환했다"는 말을 많이 들었었다. 요즈음엔 양해각서라는 말 대신 "MOU를 체결했다"는 말을 많이 듣는다. 이 시대는 국가 차원에서는 외국과, 각 회사나 기관에서는 외국이든 국내든 타 회사 타 기관과 뭔가를 협약하는 일이 많기 때문에 이런 말이 자주 우리의 귀에 들리는 것이다.

양해각서의 '양해'는 한자로 '諒解'라고 쓰며 '각서'는 '覺書'라고 쓰는데 각 글자는 '믿을 양', '풀 해', '깨달을 각', '글 서'라고 훈독한다. '覺'은 '드러내다', '밝히다'라는 뜻도 있다. 따라서 '諒解覺書'를 글자대로 풀이하면 '믿고 이해하여 드러내 밝히는 글'이라는 뜻이다. 국어사전에 따르면 "당사국 사이의 외교 교섭 결과 서로 믿어서 이해하게 된 내용을 확인하고 밝히기 위해

정식 계약체결 전에 작성하는 문서"를 이르는 말이라고
한다.

요즈음엔 양해각서 대신 영어 'memorandum of
understanding'의 약자인 MOU라는 말을 주로 사용하
는데 이 영어를 한국어로 옮기면 "이해한 것을 잊지 않
기 위해 해두는 메모"라는 뜻이다. 따라서 '비망록(備忘
錄:망각에 대비하는 기록)'이라는 번역이 훨씬 더 타당하다.
실지로 중국에서는 諒解覺書라는 말을 사용하지 않고
備忘錄이라는 말을 사용한다.

'understanding'을 '양해'라고 번역한 것부터가 이
상하다. 대부분 'understanding'을 '이해', '깨달음',
'식별'이라는 의미로 사용하지 '양해'라는 의미로 사용
하는 사람은 거의 없다. 왜냐하면, '양해'라는 말은 잘
못을 저질렀을 때 '상대방의 사정을 헤아려 너그러이
용서하고 받아들임'이라는 뜻이기 때문이다. 일본이
'understanding'을 '양해'라는 말로 처음 번역했는데 우
리는 그것을 아무 생각 없이 그대로 받아들여 사용하고
있는 것이다.

양해각서諒解覺書와 MOU(2)

2017-07-27

양해각서(諒解覺書)의 사전적 의미가 "당사국 사이의 외교 교섭 결과 서로 믿어서 이해하게 된 내용을 확인하고 밝히기 위해 정식 계약체결 전에 작성하는 문서"라는 점은 앞서 이미 말했다. 그렇다면 '각서(覺書)'는 곧 '확인하고 밝힌 문서'라는 뜻인데 이 말도 우리가 일반적으로 알고 있는 '覺'에 대한 두 가지 훈독인 '깨달을 각'과 '잠깰 교'에 비추어 보면 좀 어색한 말이다. 물론 '覺'에 '확인하다', '밝히다'라는 의미가 없는 것은 아니나, 우리나라에서 '覺'을 그런 의미로 사용한 예는 이 '覺書'의 경우 외에 거의 없다. 이 또한 일본식 한자어이다.

서양의 문물을 받아들여 먼저 근대화의 길을 간 일본이 서양의 법률, 외교, 의학 등의 전문용어를 일본식 한자의 의미를 취하여 번역해 놓은 것을 우리가 그대로 빌려다 사용한 경우가 많은데 우리는 아직도 그것을 청산하지 못하고 있다. 물론 우리식 한자의 의미에도 부합하도록 잘 번역해 놓은 것은 군이 버릴 필요 없이 그대로 사용해도 무방하다. 그러나, 우리가 알고 있는 일반적인 한자의 의미와는 달리 완전히 일본식 한자의 의미만을 취하여 제정된 생뚱맞은 용어는 우리의 인식에 맞게 고쳐 사용해야 할 것이다.

용어는 개념을 정의하는 중요한 역할을 한다. 용어가 불분명하다는 것은 곧 사회적 약속이 불분명하다는 뜻인데 그런 사회는 불안하다. 같은 용어를 두고 나의 해석과 남의 해석이 다를 경우 마찰이 일어날 수밖에 없기 때문이다.

요즈음 세상이 험하다보니 부당한 '각서 쓰기'를 강요 당하는 사람이 적지 않은 것 같다. 부부간에도 걸핏하면 각서를 쓰라고 하고, 빚을 준 사람은 금방 죽이기라도 할 듯이 사나운 표정으로 각서를 강요한다. 심지어는 '신체포기각서'라는 것도 있다고 한다. 어떤 이유의 각서든 각서가 없는 사회가 건강한 사회이다. 아예 국어사전에서 각서라는 말을 빼버렸으면 좋겠다.

수작酬酢과 응수應酬

2017-07-31

누군가가 남을 자기 뜻대로 조종해 볼 생각으로 이런 말 저런 말, 혹은 이런 행동 저런 행동으로 유혹할 때 우리는 흔히 "수작부리지 말라"고 호통을 친다. 그러므로 국어사전은 수작을 "남의 말이나 행동, 계획 등을 낮잡아 이르는 말"이라는 풀이를 하고 있다.

수작은 한자로 '酬酢'이라고 쓰며 각 글자는 '술 따를 수', '술 따를 작'이라고 훈독한다. 원래는 서로 상대의 술잔에 술을 따라주며 정겹게 술잔을 주고받는 상황을 표현한 말인 것이다. 이처럼 서로 술을 따라 잔을 채워 주며 마시다 보면 말이 오가지 않을 수 없다. 이에, 나중에는 "말을 주고받음"이라는 뜻으로 그 의미가 확대되었다.

이렇게 술을 마시다 보면 진정이 오가고 우정이 더욱 도타워지는 경우도 있지만 그렇지 않은 경우도 많다. 상대를 자신의 뜻대로 요리하고 싶을수록 거푸 술잔을 권하게 되고 그럴수록 우정은 사라지고 수작만 남게 된다. 그렇게 술잔을 권하여 상대를 취하게 한 후, 취한 틈을 타서 자신이 목적한 바를 이루려 든다. 이런 까닭에, 나중에는 앞의 두 의미 즉 '술잔을 주고받음'과 '말을 주고받음'이라는 의미는 사실상 거의 다 소멸되고, 마지막의 '상대가 취한 틈을 타서 자신의 음흉한 목적을 이루고자 하는' 의미만 남아서 심한 경우, "개수작 부리지 마!"라는 식의 험한 용도로까지 사용하기에 이르렀다.

남을 속일 양으로 수작을 부리는 일은 매우 나쁜 짓이다. 그런데, 일부 정치인들을 보면 진심은 없고 오직 자신의 이익이나 당리당략을 위해 음흉한 의도를 가지고 수작을 부리는 태도가 훤히 들여다보이는 경우가 있다. 말꼬리를 붙잡고 늘어져 사태를 엉뚱한 방향으로 몰고 가려 한다든가, 자신만이 국민을 위하고 민생을 챙기는 듯이 미사여구로 포장된 말을 일삼는 정치인들이 다 수작을 부리는 사람들이다. 그런 추잡한 수작을 막기 위해서는 국민의 눈과 귀가 더욱 밝아져야 함은 물론이다.

능소화

凌霄花

–

2017-08-03

지금쯤은 지기 시작했을지 모르나 7월 내내 한옥의 담장이나 시골 집 대문 혹은 도심의 축대나 옹벽을 아름답게 장식한 꽃이 있다. 벽을 타고 오르는 넝쿨의 연초록 잎사귀와 잘도 어울리는 주황색 꽃이다. 바로 능소화이다. 원래 중국의 강소성 지방이 원산지라는데 우리나라에는 언제 들어왔는지 확실치 않다고 한다. 남부지방의 사찰이나 행세깨나 하던 대갓집의 기와 담장을 타고 오르며 꽃을 피워 아름다운 자태를 뽐내왔고, 지금도 시골이든 도시든 어디서라도 볼 수 있는 꽃이다.

능소화는 한자로 '凌霄花'라고 쓴다. '凌'은 '능멸할 능'이고 '霄'는 '하늘 소'이다. 직역하자면, 하늘을 능멸하는 꽃이다. 하늘 높은 줄 모르고 위로 뻗어 오르는 모습 때문에 그런 이름이 붙었으리라. 알고 보면 참 아름답고 의미가 심장한 이름이다. 하늘 높이 뻗어 오르는 기상을 품고 있는 꽃이라니 말이다. 이러한 높은 기상 때문에 조상들은 울안이나 담장에 능소화를 심고서 자녀들에게 하늘을 향해 뻗어 오르는 기상을 품도록 가르쳤다.

그런데, 지금 우리 사회에는 능소화라는 이름에 그런 의미가 담긴 줄을 아는 사람이 정말 많지 않은 것 같다. 포털사이트에서 능소화를 검색해 봤더니 많은 설명 글들이 있었으나 정작 능소화의 주된 특성인 凌霄의 기상에 대한 설명은 한 군데도 없었고, 한자를 써서 '凌霄花'라고 쓴 곳도 발견하지 못했다. 'Chinese trumpet creeper'라는 영어식 별명 즉 '중국 원산의 트럼펫 모양 넝쿨식물'이라는 설명을 들이댄 곳만 많았다.

'하늘도 업신여기려는 듯이 위로 뻗어 오르는 꽃'이라는 설명이 '중국원산의 트럼펫 모양 넝쿨식물'이라는 설명보다 훨씬 매력적인 설명인데 왜 우리는 한자를 애써 버림으로써 그런 아름다운 설명을 다 포기해야 하는지 모르겠다. 능소화가 다 지기 전에 우리 모두 능소의 기상으로 다시 희망을 노래함이 어떻겠는가!

입추

立秋

—

2017-08-07

오늘은 입추(立秋)이다. 가을로 들어선다는 날이다. 연일 너무 덥다보니 입추라는 말만 들어도 더위가 좀 누그러지는 것 같다. 실지로 입추를 맞으면서 어제까지 후텁지근하니 습하게 덥던 날씨가 산들산들 가을바람이 부는 상큼한 날씨로 바뀐 경우가 적지 않다. 그럴 때면 사람들은 음력 절기의 정확성(?)에 대해 적잖이 신비감을 갖곤 하였다. 올 입추도 명실상부하게 가을기운이 도는 입추였으면 좋겠다. 실지로 입추가 지난 다음에도 더위가 기승을 부리면 그 더위를 늦더위라고 하는데 이번 여름은 유례없이 더웠으니 늦더위는 제발 없었으면 좋겠다.

입추는 태양의 길인 황도(黃道)의 위치에 따라 정한 24절기 중 열세 번째 절기로서 대개 양력으로는 8월 8일 무렵이고 음력으로는 7월에 속한 절기이다. 더위가

가장 심하다는 '대서(大暑: 큰 대, 더울 서)'와 더위가 멈춘다
는 '처서(處暑:멈출 처, 더울 서) 사이에 들어 있는 절기로서
여름이 지나고 가을에 접어들었음을 알리는 날이다. 이
입추일로부터 입동(立冬) 전까지를 가을이라고 한다.

입추 무렵은 벼가 가장 왕성하게 익어가는 때이므
로 맑은 날씨가 계속되어야 한다. 비가 많이 오면 벼꽃
들이 수정을 제대로 못하므로 쭉정이 벼가 많이 생겨
흉년이 들게 된다. 그러므로, 입추 이후에 비가 닷새 이
상 계속 내리면 비를 개게 해달라는 기청제(祈晴祭:빌 기,
개일 청, 제사 제)를 올리기도 했다고 한다. 사실상 입추 이
후에는 농부가 할 일이 별로 없다. 그저 하늘이 내리는
비나 태풍 같은 재앙이 없기를 바랄 뿐이다. 사람으로
서 해야 할 노력을 다한 1년 농사의 마지막 단계에서
끝까지 정성을 다하고 싶은 마음에 기청제까지 올렸으
리라.

그런가 하면 "어정7월, 건들8월"이라는 말도 있다.
입추 이후에는 김장채소 씨앗을 뿌리는 간단한 밭농사
외에 사실상 농사일이 없기 때문에 생긴 말이다. 사실
상 농부들의 휴식기인 것이다.

흑첨향

黑甛鄉

–

2017-08-08

연일 불볕더위에 열대야가 이어지고 있다. 더워도 너무 더우니까 사람들이 건강을 잃을까 염려하여 "더위 잘 이기라"는 인사를 자못 심각하게 한다. 정말 건강 잘 챙기고, 더위에 열악한 환경에 처한 사람들을 잘 보살피는 인정을 발휘해야 할 때라고 생각한다. 열대야가 계속되다 보니 잠을 설치는 사람들이 많다. 잠을 설치면 다음 날 일과가 영향을 받게 되고 일과가 밀리다 보면 무리를 하게 되어 자칫 병으로 이어질 수 있다. 어떤 틈을 내서라도 단잠을 잘 수 있도록 해야 할 것이다.

중국어 중에 '흑첨(黑甛)'이라는 말이 있다. '검을 흑', '달(sweet) 첨'이라고 훈독하는 글자이니 직역하자면 '검은 달콤함'이다. 잠을 그렇게 표현한 것이다. 칠흑 같은 어두움 속에서 달콤한 잠의 세계로 빠져드는 것처럼 아늑하고 행복한 휴식이 또 있을까?

흑첨이라는 말을 시에 처음 사용한 사람은 천하제일이라는 평을 받는 중국의 대시인이자 문장가였고 학자이며 서예가였고 화가였던 송나라 사람 소식(蘇軾) 즉 소동파(蘇東坡)이다. 그는 〈광주를 떠나며(發廣州)〉라는 시에서 "석 잔 술을 부드럽게 배불리 마신 후, 한 베개 흑첨의 여유에 드네.(三杯軟飽後, 一枕黑甜餘)"라고 읊었다. 그리고 그 시구(詩句)의 말미에 스스로 "'잠'을 속어로 '흑첨(黑甜)'이라고 한다."는 주도 달았다. 당시에 이미 민간에서 속어로 사용하던 '흑첨'이라는 말을 사대부의 고상한 시에 과감하게 빌려 사용함으로써 더욱 멋지고 해학적인 표현을 한 것이다. 소동파의 활달한 기상과 재치를 또 한 번 확인할 수 있는 대목이다.

소동파 이후, 사람들은 흑첨에 '고을 향(鄕)'을 덧붙여 '흑첨향(黑甜鄕)'이라는 말도 사용하게 되었는데 이는 바로 '잠의 마을' 즉 '꿈나라'를 이르는 말이다. 잠이 보약이다. 열대야를 이겨내려는 노력도 하고 어떤 틈을 내서라도 흑첨을 맛볼 수 있어야 할 것이다.

축대築臺와 옹벽擁壁

2017-08-09

장마철이면 연례행사처럼 물난리를 겪곤 한다. 꼼꼼하게 점검하여 철저하게 대비했더라면 일어나지 않을 수 있었던 물난리가 '안전 불감증'이라는 병 아닌 병으로 인하여 해마다 반복되곤 하는 것이다. 자연재해가 아니라, '인재(人災:사람의 잘못으로 일어난 재앙)'라는 반성의 목소리가 나오지만 그것도 그때뿐, 다시 '설마'하는 방심 속에서 주변의 위험 요소를 없애는 노력을 게을리한다. 그리고선 또 당한다. 사람이 영리한 것 같아도 참 멍청한 동물이라는 생각이 든다.

비가 많이 오면 축대가 내려앉았다느니 옹벽이 무너졌다느니 하는 뉴스가 적잖이 나온다. 축대는 '築臺'라고 쓰는데 각각 '쌓을 축', '누대 대'라고 훈독한다. 따라서 축대는 '누대처럼 높이 쌓아올린 터'를 말한다. 비탈진 곳에 집을 짓기 위해서는 집이 들어앉을 자리를 계단식으로 조성할 수밖에 없는데 이때 비탈의 위편을 깎아 아래편을 메우는 작업을 하면서 아래편이 무너지지 않도록 탄탄하게 쌓고 흙이 밀리지 않도록 겉 부분을 돌이나 시멘트로 둘러쌓는다. 이것이 바로 축대이다.

옹벽은 한자로 '擁壁'이라고 쓰는데 각각 '안을 옹', '벽(Wall) 벽'이라고 훈독한다. 직역하자면 '안고 있는 벽'이다. 무엇을 안고 있다는 것일까? 흙을 안고 있다는 뜻이다. 즉 흙이 밀리면서 발생하는 압력으로 인하여 무너지거나 흘러내리지 않도록 그 흙을 안고 있는 벽이 바로 옹벽인 것이다.

축대는 '築(쌓기)'을 잘 해야 하고, 옹벽은 '擁(안아서 버팀)'의 역할을 완벽하게 할 수 있도록 둘러쳐야 한다. 그런데 築이나 擁은 다 사람이 하는 일이다. 이런 축이나 옹의 임무를 방심 속에서 책임감이 없이 처리하게 되면 그 축대와 옹벽은 언젠가는 무너지고 터지게 된다. 그래서 인재(人災)라고 한다. 장마는 지났지만 이제 태풍철이 다가오고 있다. 축대와 옹벽을 다시 한번 꼼꼼하게 점검해야 할 것이다.

조사調査와 수사搜査

2017-08-22

뉴스를 통해 "검찰에 나와 조사를 받고 있다"는 말도 듣고, 때로는 "○○○씨를 상대로 수사를 벌이고 있다"는 말도 듣는다. 조사를 하는 것과 수사를 하는 것은 어떻게 다를까?

조사(調査)나 수사(搜査)나 '査'는 다 '조사할 사'라고 훈독하는 글자로서 뭔가를 찾아내려 한다는 의미이다. '調'는 '고를 조'라고 훈독하는 글자로서 어느 한쪽에 편향됨이 없도록 균형을 잘 잡아 평탄하게 한다는 의미이다. 그러므로 '고루고루'라는 뜻도 가진 글자이다. 따라서 조사는 '어느 한편에 치우치지 않게 이것저것 다 따져서 고루고루 살펴본다.'는 뜻이다.

국어사전은 "사물의 내용을 명확히 알기 위하여 자세히 살펴보거나 찾아봄."이라고만 설명하고 있다. 물론 잘못 설명한 것은 아니지만 2% 부족한 설명이다.

'搜'는 '찾을 수'라고 훈독하는 글자로서 '搜查' 역시 일 반적 의미는 "찾아서 살펴봄"이다. 그런데 이 수사는 이 미 전문적인 법률용어로 사용되기 때문에 "찾아서 살펴 봄"이라는 일반적 의미로는 거의 사용하지 않는다. 법 률용어인 '수사'는 "범죄의 혐의 유무를 명백히 하여 공 소의 제기와 유지 여부를 결정하기 위하여 범인과 관련 된 증거를 수집·보전하는 활동" 즉 검사가 형사사건의 재판을 청구하거나 청구된 재판을 유지하기 위해서 범 인의 신병을 확보하고 증거를 수집하기 위해 뭔가를 찾 아 살피는 활동을 뜻하는 말이다. 조사는 아직 범죄 혐 의가 확인되지 않은 상태에서 살펴보고 찾아보는 행위 이기 때문에 더러 '내사(內査:드러나지 않게 조사함)라고도 하고, 수사는 범죄의 혐의 유무를 명백히 가리기 위해 증거를 수집하고 보전하는 수사기관의 행위인 것이다.

조사든 수사든 검찰 앞에 불려 나가는 일을 기분 좋 게 여기는 사람은 없을 것이다. 물론 간혹 억울한 사정 을 밝힐 수 있는 기회가 주어져서 속 시원한 진술을 하 는 경우도 있지만 말이다. 조사나 수사는 억울한 사람 이 없게 하려는 조치인 만큼 제대로 조사하고 수사해서 진실이 왜곡되지 않게 해야 할 것이다.

사병士兵 사병私兵

_

2017-08-24

군 고위 장성이 공관에 근무하는 병사를 '사병으로 부렸다'는 보도가 잇따르던 얼마 전의 일이다. 군 제대 후에 복학한 이른바 '예비역' 학생과 이야기를 나누던 중, 학생이 "원래부터 장성들 공관에 근무하는 병사들은 다 사병이지 장교가 아니었는데 왜 사병을 부린 것이 문제가 되는지 모르겠어요."라는 말을 하였다. 어이가 없었다. 이게 현재 대학생들의 수준이라는 데에 생각이 미치자 한숨이 다 나왔다. 한자교육을 도외시한 탓이라는 데에 생각이 미치자 아직도 '한글전용'을 고수하고 있는 대한민국의 문화와 교육의 현실에 대해 울화가 치밀었다.

사병에 대한 한자 표기는 '士兵'과 '私兵' 두 가지이다. '士'는 일반적으로 '선비 사'라고 훈독하지만 원래는 '실무를 담당하는 사람'이라는 의미를 가진 글자이다.

'事(일 사)'와 발음이 같다는 점에서 더욱 그렇다. 사실, 선비라는 단어도 비록 벼슬은 갖지 않았지만 학식과 실무능력을 갖춤으로써 사회에서 일어나는 일을 잘 처리할 수 있는 사람을 일컫는 말이었다. 따라서 '士兵'은 군대에서 실질적으로 일을 하는 일반 병사를 지칭하는 말이다. 이에 대해 '私兵'의 '私'는 '사사로울 사'라고 훈독하는 글자로서 '개인'이라는 의미이다. '私兵'은 "권세를 가진 개인이 사사로이 길러 부리는 병사"라는 뜻이다. 달리 '가병(家兵)'이라고도 한다.

그러므로 군 고위 장성이 공관에 근무하는 병사를 '사병으로 부렸다'는 것은 '士兵'에게 임무를 맡겼다는 뜻이 아니라, 장성 개인이 마치 자신이 고용한 병사인 양 개인 집안일을 하도록 부렸다는 뜻인 것이다. 그러니 어찌 국민의 공분을 사지 않겠는가?

그런데 '士兵'과 '私兵'을 분간하지 못하여 이 말의 의미를 제대로 이해하지 못하는 대학생이 있다니 이게 더 한심한 현실인 것 같다. 한자교육, 무조건 배척만 하려 들 게 아니라 심각하게 다시 생각해 봐야 할 문제임이 분명하다.

한심

寒心

—

2017-08-30

　언제부터인가 우리는 '썰렁하다'는 말을 적잖이 사용하고 있다. 분위기를 제대로 파악하지 못하고서 분위기와 전혀 어울리지 않는 말이나 행동을 할 때 썰렁하다고 한다. '썰렁 개그'라는 말은 이미 우리 사회에 굳어진 말인 것 같다. 딴에는 우스운 얘기를 했는데 웃기는커녕 분위기가 더 어색해졌을 때 그것을 '썰렁 개그'라고 한다. 젊은 세대들 앞에서 옛날 개그를 하면 어김없이 '아재 개그', '썰렁 개그'라는 핀잔을 듣는다. 농담에도 현격한 세대 차이가 있는 시대이다.

　그런데, 알고 보면 '썰렁하다'는 말은 최근에 사용하게 된 말이 아니다. 표현이 달라서 그렇지 진작부터 사용해 오던 말이다. '한심하다'는 말이 곧 요즈음의 '썰렁하다'는 말과 거의 같은 말이다. '한심'은 '찰 한(寒)'자를 사용하여 '寒心'이라고 쓴다. 직역하자면, '마음을 차게

한다.'는 뜻이니 이는 곧 주변 사람의 마음을 썰렁하게
한다는 뜻이다.

그래서 사전은 '한심(寒心)하다'를 "정도에 너무 지나
치거나 모자라서 딱하거나 기막히다."라고 풀이하고 있
다. 흔히 사용하는 '한심한 녀석'이라는 표현이 바로 그
런 의미이다. 다른 사람의 마음을 딱하거나 기가 막히
게 하여 마음을 차갑게 얼어붙도록 하는 사람이 곧 '한
심한 녀석'인 것이다.

우리 주변을 살펴보면 한심한 사람도 많고 한심한
일도 많다. 시대의 변화를 읽지 못한 채 옛 추억과 경험
에만 사로잡혀 자신의 추억과 경험에 맞는 세상을 만
들고자 시대를 거꾸로 돌려놓으려고 하는 일부 정치인
들도 한심하고, 걸핏하면 말꼬리를 잡고 늘어지며 사태
의 본질을 왜곡하려 드는 사람들도 참 한심하다. '썰렁
개그'는 개그이기 때문에 다소 썰렁하더라도 썰렁한 채
그냥 지나가면 되지만 나라를 이끌어 가는 일은 썰렁하
게 해서는 결코 안 된다. 국민의 마음을 썰렁하게 하는
정치인이 바로 한심한 정치인인 것이다.

문인화
文人畵
—
2017-08-31

'문인화(文人畵)'라는 예술장르가 있다. 비록 '화(畵)'라는 말이 붙어 있지만 대부분의 사람들은 이 문인화를 '서예'의 범주에 속하는 예술로 인식하고 있다. 전국 규모의 중요한 서예공모전에 거의 다 '문인화'라는 항목이 항상 끼어 있기 때문이다.

문인화란 무엇을 그리는 그림일까? 매화(梅)·난초(蘭)·국화(菊)·대나무(竹) 즉 4군자(四君子)를 비롯하여 소나무(松), 파초(芭蕉), 모란(牧丹)등 각종 화훼와 기명절지(器皿折枝:모양이 좋은 그릇이나 꽃가지) 등을 그린다. 먹으로만 그리는 경우도 있고 채색을 하는 경우도 있는데 요즈음은 컬러시대라서 그런지 채색을 사용하는 경우가 훨씬 많다.

그런데, 최근 이런 그림을 문인화라고 부르는 것에 대해 논란이 일고 있다. 문인화란 문인이 그린 그림을 두고서 하는 말이기 때문에 비록 梅·蘭·菊·竹이나 松, 芭蕉, 牧丹과 器皿折枝 등 과거에 문인들이 즐겨 그리던 소재를 그렸다고 하더라도 그린 사람이 문인다운 소양을 갖추지 못했다면 문인화라고 부를 수 없다는 주장이 나오고 있는 것이다.

당연히 맞는 말이다. 한자문화권의 그림은 본래부터 외형적인 모양을 닮게 그리는 이른바 '형사(形似:형태의 닮음)'에 치중하지 않고 피사체를 통해 그린 사람의 내면에 갖추어진 문인적인 소양을 표현하는 '신사(神似:정신의 닮음)'를 중시하였다. 그래서 소동파 같은 사람은 "외형만 닮은 형사(神似)로써 그림을 논한다면 그것은 어린애의 견해일 뿐이다.(論畵以形似, 見與兒童鄰)"라고 했다. 그런데 오늘의 한국 서예계에는 과거의 문인학자들이 연마한 문인정신은 연마하려 하지 않고 다만 외형만 예쁘게 치장한 문인화답지 않은 문인화가 범람하고 있다. 지금 예술의전당에서는 근대 중국 문인화의 거장〈제백석(齊白石)전〉이 열리고 있다. 모범으로 삼을 만한 전시라고 생각한다.

진위여부

眞僞與否

—

2017-09-04

우리 사회에 거짓이 많긴 많은가 보다. 뉴스를 시청하다보면 양측의 주장이 서로 달라 어느 편의 주장이 진실인지를 확인하기가 쉽지 않다는 뉴스들이 심심찮게 나오기 때문이다. '진실게임'을 한다느니 '진위 여부를 가리기 위한 치열한 법정공방이 예상된다.'느니 하는 뉴스가 바로 그런 예이다. 그런데 이런 뉴스를 방송할 때 가장 많이 쓰는 표현이 '진위 여부'라는 표현이다. 진위 여부, 과연 바른 표현일까?

'진위 여부'는 '眞僞與否'라고 쓰며 각 글자는 '참 진', '거짓 위', '더불 여', '아닐 부'라고 훈독한다. '더불 여(與)'의 '더불'이라는 의미는 '함께'라는 뜻이다. '함께'에서 뜻이 더 확장되어 '참여'라는 뜻도 갖게 되었고, 함께하기 위해서는 뭔가를 주어야 하므로 '주다'는 의미로 그 뜻이 더 확대되었으며, 나아가 '허락하다, 긍정하

다'라는 의미도 갖게 되었다. '여부(與否)'라는 말은 '긍
정 혹은 부정', '인정 혹은 불인정'이라는 의미이다.

　그러므로, '진위 여부'는 글자 그대로 풀이하자면
'참인지 거짓인지를 인정하거나 불인정하거나'라는 뜻
이다. 그런데 세상에 이런 말은 존재할 수가 없다. 어떤
사태를 두고서 그것이 참이라는 점을 인정하거나 불인
정하는 일, 혹은 거짓을 두고서 그것을 거짓이라고 인
정하거나 부정하는 일은 있을 수 있어도 참인지 거짓인
지를 인정하거나 부정하는 일은 성립할 수 없기 때문이
다. 따라서 '진위 여부를 가리기 위해'라는 말은 '진위를
가리기 위해'라고 쓰면 된다.

　'진실과 거짓을 가리기 위해'라고만 해도 충분한데
굳이 '여부'라는 말을 더 넣음으로써 오히려 사리에 맞
지 않는 말을 사용해야 할 이유가 없다. 굳이 여부라는
말을 사용하고자 한다면 '진위 여부'가 아니라 '진실 여
부' 혹은 '거짓 여부'라고 하면 된다. 그래야만 '진실인
지 아닌지', '거짓인지 아닌지'라는 뜻이 되어 그 의미가
더 명료해진다.

어차피 於此彼와 도저 到底 히

2017-09-05

    언뜻 듣기에 순우리말인 것 같아도 사실은 한자어인 경우가 의외로 많다. '어차피'와 '도저히'가 그 대표적인 예이다. 어차피는 한자로 '於此彼'라고 쓰는데 '於'는 '…에' 혹은 '…에서'라는 의미를 가진 처소격(處所格) 조사이다. 영어의 전치사 'in'이나 'at'에 해당하는 글자이다. 그리고 '此'는 '이 차'라고 훈독하며 '이, 이것'이라는 의미 즉 영어의 'this'에 해당하는 글자이다. '彼'는 '저 피'라고 훈독하며 '저, 저것'이라는 뜻 즉 영어의 'that'에 해당하는 글자이다.

    따라서 '於此彼'는 직역하자면 '이것에서든 저것에서든'이며, 이는 곧 '이것이든 저것이든' 혹은 '이렇든 저렇든'이라는 의미이다. 예를 들자면, "어차피 가야 한다"는 말은 곧 "이렇든 저렇든 가야 한다"는 의미인 것이다.

도저히는 '도저'라는 한자어와 '-히'라는 부사형 접미사가 결합하여 이루어진 단어이다. '도저'는 한자로 '到底'라고 쓰는데 '到'는 '이를 도', '도달할 도'라고 훈독하고, '底'는 '밑 저', '바닥 저'라고 훈독한다. 따라서 '到底'는 '맨 밑바닥에 이르도록'이라는 뜻이다. "도저히 안 되겠다"는 말은 곧 "맨 밑바닥에 이르기까지 다 해 봤는데 결국은 안 된다"는 의미인 것이다.

이처럼 순우리말로 알고서 일상으로 사용하고 있는 단어들도 실은 한자에 바탕을 두고 있는 게 매우 많다. 이런 단어들은 한자를 이용하여 뜻을 파악하면 그 뜻이 보다 더 명료해지는데 국어사전은 한자 뜻풀이는 없이 그냥 한자만 병기한 다음에 '이렇게 하든지 저렇게 하든지', '아무리 하여도'라는 뜻풀이만 해놓았다. 어원은 알 필요가 없이 그저 언중(言衆)에 의해 현재 사회에 드러난 뜻대로만 사용하자는 심사가 반영된 풀이이다. 국어의 왜곡과 오용이 심히 우려되는 부분이다. 한글은 한자와 함께 사용할 때 더욱 편리하고 빛난다는 사실을 깨달아야 할 것이다.

하마평

下馬評

—

2017-09-06

각 부 장관들과 중요 국가의 대사를 임명하는 등 정부의 인사 소식이 연일 뉴스가 되면서 '하마평'이라는 말이 자주 나오고 있다. "주미 대사에는 ○○○, 주중 대사에는 ○○○ 등이 하마평에 오르고 있다"는 보도가 바로 그런 예이다. 하마평은 한자로 '下馬評'이라고 쓰며 각 글자는 '내릴 하', '말 마', '논평할 평'이라고 훈독한다. 글자로만 보자면 '말에서 내려 논평함'이라는 뜻이다. 쉽게 이해가 되지 않는 단어이다.

'하마비(下馬碑)'라는 비석이 있다. 조선시대 왕궁이나 지방 관청, 종묘, 성균관 등 주요 기관의 문으로부터 일정 거리 떨어진 곳에 세운 비석으로서 "大小人員皆下馬" 즉 "큰 사람이든 작은 사람이든 모두 말에서 내리시오"라고 쓰여 있다. 여기서부터는 직위의 고하, 연령의 다소, 소임의 대소를 막론하고 누구든지 말에서 내려 걸어 들어가라는 일종의 표지판인 것이다. 말뿐 아니라, 조선시대 또 하나의 교통수단이었던 가마도 이 하마비 교통표지판의 지시를 따라야 했다.

말이나 가마에 상전을 태워 모시고 온 마부나 가마꾼들은 이 하마비 앞에서 상전을 내려준 다음 상전이 업무를 마치고 나올 때까지 기다려야 했다. 이때 마부나 가마꾼들은 자연스럽게 한자리에 모이게 되는데 이 자리에서 그들은 서로 자신의 상전에 대한 이야기를 하곤 했다. 즉 상전이 하마(下馬)한 다음에 상전에 대한 평(評)들을 늘어놓은 것이다. 이것이 바로 하마평(下馬評)이다. 오늘날로 말하자면 '뒷담화'인 셈이다.

이런 뒷담화의 내용 중에는 응당 인사이동이나 장차 관직에 임명될 후보자에 관하여 떠도는 이야기가 많았다. 이때부터 '하마평'은 장차 주요 관직에 임명될 사람에 대해서 떠도는 이야기를 칭하는 말로 사용하게 되었다. 하마평이 나오려거든 국민이 여망하는 하마평이 나오고 실지로 그런 하마평에 부응하는 인사가 이루어져야 할 것이다.

물망

物望

–

2017-09-07

새로운 인사가 진행될 때마다 '물망'이란 말처럼 뉴스에 많이 오르내리는 말도 없을 것이다. "국무총리 후보로는 ○○○가 물망에 오르고 있다"는 보도가 바로 그런 예이다. '물망'은 한자로 '物望'이라고 쓰며 각 글자는 '물건 물', '바라볼 망'이라고 훈독한다. 글자대로 뜻을 풀이하자면 '물건이 바라봄'이다. 이게 도대체 무슨 뜻인가? 그 뜻을 제대로 알기 위해서 '物望'이라는 단어의 구성 내력을 살펴볼 필요가 있다. '物望'은 '物之所望(물지소망)'의 줄임말로 이해할 수 있는데 그렇게 본다면 뜻은 '만물이 바라는 바'가 된다.

옛 사람들은 훌륭한 인물이란 사람들의 지도자일 뿐만 아니라, 지구상에 존재하는 만물의 어버이 역할을 하는 존재라고 믿었다. 따라서, 훌륭한 왕이 나서 선정을 베풀면 '풍조우순(風調雨順)' 즉 '바람이 조화롭게 불고 비가 때에 맞춰 순조롭게 내려서' 농사가 풍년이 듦은 물론 산천초목이 다 윤기를 띠게 된다고 믿었다. 왕뿐 아니라, 한 고을의 수령도 선한 수령이 오면 만물이 다 그를 반겨 '인화연풍(人和年豐)' 즉 '백성들은 화목하고 한 해 농사는 풍년이 들며', 악한 수령이 오면 만물이 다 상을 찡그려 인심은 사나워지고 일마다 꼬인다고 생각했다.

따라서, 왕은 물론 고을의 수령을 비롯한 사회의 지도층 인사는 사람뿐 아니라, 만물이 다 소망하는 인물 즉 물망(物望)의 대상이 되어야 한다고 생각했다. 이런 인물을 바로 '물망에 오르는 인물'이라고 표현했다.

만물이 소망하는 인물 즉 물망에 오르는 인물이 해당 자리에 앉아야 한다. 그런데 만물이 소망하기는커녕 사람도 전혀 소망하지 않는 인물이 요직에 앉는 경우가 있다. 망국으로 가는 지름길이다. 잘못된 한두 사람이 나라를 얼마나 혼란에 빠뜨리는지를 우리는 작년에도 뼈아프게 경험했다. 국민들이 눈을 밝게 뜨고서 정말 물망에 올라야 할 사람을 물망에 오르게 해야 할 것이다.

야野하다

2017-09-11

옷이 적잖이 선정적이거나 표정이나 몸짓에 성적 충동을 자극하는 매력이 있을 때 혹은 그림이나 음악이 섹시(sexy)한 분위기를 풍길 때 흔히 '야하다'는 표현을 한다. 그런데 '야하다'는 말은 성적 자극이 선정적인 상황에서만 사용하는 말이 아니다. '문화적인 것'이 아닌 모든 것 즉 비문화적인 경우에 다 사용할 수 있는 말이다.

문화(文化)의 '文'이 가진 본래의 뜻은 '무늬' 즉 '꾸밈'이다. 그리고 '化'는 '화할 화'라고 훈독하는 글자로서 '변화(變化)' 즉 A에서 B의 상태로 바뀌는 현상을 나타내는 글자이다. 따라서 文化는 전에는 '文' 즉 무늬나 꾸밈이 아니었던 것이 언제부터인가 무늬로 꾸며져 '무늬화'한 상태를 이르는 말이다. 야생에 인공을 가한 흔적이 바로 문화인 것이다. 따라서 문화의 반대말은 야생

(野生)이다.

야생은 누적이 없다. 누적이 없기 때문에 천 년 전의 모습이나 현재의 모습이나 달라진 게 없이 본바탕 그대로이다. 그래서 野는 곧 '질(質:바탕 질)'이다. 이에 반해, 인류의 손때 즉 인공(人工)은 반드시 무늬와 꾸밈 즉 흔적을 남기고 그 흔적은 누적된다. 그 흔적의 누적이 바로 역사(歷史)이다. 야생의 자연에게는 시간만 존재할 뿐 역사는 없다. 역사는 인류에게만 존재한다.

따라서 '野'의 반대는 '史'이기도 하다. 그래서 '史野'라는 말이 생겼고, 공자는 이에 대해 "문(文:무늬, 꾸밈)이 질(質:자연, 바탕)보다 많으면 사(史:역사, 문화)이고, 질이 문보다 많으면 야(野:야생, 자연)이다.(文勝質則史, 質勝文則野)"고 한 것이다. 그리고 文과 質이 적절히 조화를 이룬 사람을 일러 '군자(君子)'라고 했다.(文質彬彬, 然後君子)

'야(野)하다'는 말은 단순히 성적 선정성만을 의미하지 않는다. 문화가 아닌 야생의 질박함 즉 사람의 손이 타지 않은 원색적인 것은 다 야한 것이다. 섹시함은 인류가 지닌 야성의 한 부분일 뿐이다.

선정적

煽情的

-

2017-09-12

앞서 게재한 「야野하다」는 글을 읽은 친구 독자가 그 글 안에 나오는 '선정적'이라는 말은 정확히 무슨 뜻이냐고 물어왔다. 소설이나 영화의 내용을 두고서 지나치게 선정적이어서 판매나 상영을 금지한다는 조치를 여러 번 봐오면서 '선정적'이라는 말과 '음란하다'는 말이 단순한 동의어일 거라고 생각해 왔다는 것이다. 음란한 것과 선정적인 것은 과연 같은 의미일까?

음란은 '淫亂'이라고 쓰며 각각 '지나칠 음, 음탕할 음', '어지러울 란'이라고 훈독한다. 성(性)적 행위가 지나치게 어지러운 상태를 음란하다고 하는 것이다. 공자는 《시경(詩經)》의 첫 편인 〈관저(關雎)〉의 가사와 음악에 대해 "즐거우면서도 지나치지 않고, 슬프면서도 마음을 상하게 하지 않는다.(樂而不淫 哀而不傷)"고 평하면서, 시나 음악은 그런 중화(中和)의 아름다움이 있어야 한다고 했다.

즐거움도 슬픔도 극을 향하는 것은 위험하다. 즐거움은 더 큰 즐거움을 요구하기 마련인데 즐거움의 극에 이르면 새로운 자극을 찾아 파괴적 행위를 하게 된다. 성(性)적 즐거움에 대한 파괴적 행위가 이른 바 '야동'같은 것들이다. 이게 바로 음란이다.

'선정'은 '煽情'이라고 쓰며 '부채질 할 선', '뜻 정'이라고 훈독한다. "情을 부채질한다"는 뜻이다. 이때의 情은 성적인 욕정을 의미하는 경우가 많지만 꼭 욕정에만 국한하지는 않는다. 따라서 선정적이라는 말은 불난 데에 부채질하듯이 감정을 자극하여 이성을 잃게 하는 행위를 통칭하는 단어이다. 성적 감정을 부채질하는 옷차림이나 몸짓도 선정적이지만 정치가가 상대 당을 공격하기 위해 자극적인 발언을 하는 것도 선정적인 발언이며, 언론보도가 이성적 판단보다는 감정을 자극하는 데 치중하면 그 또한 선정적인 보도이다. 넘치는 즐거움도 파멸로 향하고, 선정적 발언으로 선동하는 것도 파멸에 이른다는 점을 명심해야 할 것이다.

유명세

有名稅

-

2017-09-13

이름이 널리 알려지다 보면 그에 따른 부작용이나 대가도 만만치 않은 경우가 많다. 유명한 사람은 간단한 교통법규 하나만 어기더라도 일반인과는 달리 더 많이 보도되고 더 자극적인 입방아에 오르는 경우가 많다. 심지어는 사실이 아닌 내용이 왜곡 보도되기도 하고, 그런 왜곡보도 때문에 생활이 불편할 정도로 기자들이 경쟁적으로 취재를 한다거나 가는 곳마다 팬들이 따라 붙어서 곤욕을 치르는 경우도 있다. 이럴 때에 사용하는 말이 '유명세'이다. 유명하기 때문에 어쩔 수없이 겪어야 하는 불편을 이르는 말이다.

유명세는 '有名稅'라고 쓴다. 각 글자는 '있을 유', '이름 명', '세금 세'이다. 직역하자면 '이름이 있음으로 인하여 내는 세금'이 바로 유명세이다. 이때의 세금이라는 표현은 실지로 돈을 낸다는 뜻이 아니라, 그만큼

사회적인 부담을 져야 한다는 뜻이다. 즉 "유명함으로
인하여 어쩔 수 없이 내야 하는 사회적 세금"이 바로 유
명세인 것이다.

그런데 대부분의 사람들이 유명세를 '有名勢'로 쓰
는 것으로 알고 있는 것 같다. '勢'는 '기세 세', '권세
세'라고 훈독하며 '힘'을 상징하는 글자이다. 따라서 많
은 사람들이 '유명세'라는 말을 유명함으로 인해서 갖거
나 누리는 기세나 권세를 칭하는 말로 이해하고 있다.
실지로 우리 사회에는 유명한 사람이 갖거나 누리는 기
세나 권세가 막강했기 때문에 자연스럽게 그런 오해를
해 온 것이다.

유명하기 때문에 겪어야 하는 사회적 불편인 '有名
稅'마저도 사회적 권세로 착각하여 '有名勢'로 인식하
고 있는 우리의 사회적 인식이 씁쓸하다. '有名稅'를 치
르는 일도 지나쳐서는 안 되겠지만 '有名勢'를 누리는
일은 결코 있어서는 안 된다. "난데…"라는 말로 시작하
는 유명한 사람의 전화 한 통화에 그만 알아서 슬슬 기
며 일을 처리해 주던 시절도 청산되어야 하고, 유명한
사람을 사칭하여 사기를 치는 일도 사라져야 한다.

to부정사 不定詞

2017-09-14

중국어의 어법에 대해 얘기하다가 설명의 편의를 위해 영어의 to부정사를 언급하게 되었다. 수강생이 물었다. "to부정사는 부정문에서 사용하는 not이나 no를 사용하지도 않았는데 왜 부정사라고 해요?" 다시 한 번 한자 교육의 필요성을 절감하는 순간이었다. 내가 되물었다. "그럼, 여러분이 to부정사에 대해 알고 있는 바를 다 얘기해 보세요." 그러자, 말들이 쏟아져 나왔다. "to부정사는 「to+동사의 원형」 형태이며, 명사적 용법, 형용사적 용법, 부사적 용법 등이 있습니다. …" 학생들은 to부정사에 대해 줄줄 외우고 있었다. 그러나 그것을 왜 '부정사'라고 하는지를 아는 학생은 많지 않았다.

부정을 나타내는 한자어는 '否定'과 '不定' 두 종류이다. '定'은 '정할 정'이라고 훈독하는 글자로서 '결정'한다는 뜻도 있고 '인정'한다는 뜻도 있다. '否'는 '아닐

부'라고 훈독하며 '…이 아니다'는 뜻이다. 따라서 '否 定'은 긍정(肯定)의 반대말로서 영어의 not이나 no의 의미 이다.

'不'는 발음이 두 가지여서 '아니 불'이라고 훈독하기 도 하고 역시 '아니 부'라고 훈독하기도 하는데, 이 '부 (不)'자를 사용한 '不定'은 정할 수 없거나 정해지지 않았 다는 뜻이다. to부정사의 부정사는 '否定詞'가 아니라, '不定詞'이다. '정할 수 없거나 정해지지 않은 품사'라는 뜻이다. 「to+동사의 원형」 형태이기는 하지만 이때의 동사는 그것이 어떤 용법으로 쓰인 것인지 아직 품사도 시간(시제時制)도 정해져 있지 않거나 정할 수 없는 상태 이기 때문에 '不定詞'라고 한 것이다.

정해져 있지 않기 때문에 문장을 해석해 가는 과정 에서 그것이 명사인지 형용사인지 부사인지를 파악해 야 한다. 그래서 to부정사에는 명사적 용법, 형용사적 용법, 부사적 용법 등이 있다. 한자만 알면 이런 설명 은 절로 이루어지는데 우리는 왜 한자를 멀리 하는 것 일까?

우연偶然찮게

2017-09-18

　대담프로그램이나 '예능'이라고 부르는 프로그램에 출연한 사람들의 이야기를 듣다보면 '우연찮게'라는 말이 적잖이 나온다. "길을 가다가 우연찮게 초등학교 동창을 만났다."고 하는데 말을 듣다보니 실지 내용은 '우연히 만났다'이다. '우연히'라고 해야 할 말을 완전히 잘못 사용하여 '우연찮게'라고 하고 있는 것이다.

　'우연'은 한자로 '偶然'이라고 쓴다. '偶'는 원래 인형, 허수아비라는 뜻이었다. '禺'는 원숭이를 형상화한 글자로서 '긴꼬리원숭이 우'라고 훈독하는데 긴꼬리원숭이는 원숭이 중에서도 사람과 가장 많이 닮았다고 한다. 그런 원숭이를 나타내는 '禺'에 '사람인(亻)'을 더하여 '偶'가 만들어졌으니 '偶'는 당연히 사람을 꼭 닮은 인형 혹은 허수아비라는 뜻을 갖게 되었다.

　인형이나 허수아비는 어떤 용도로든 사람을 대신하

기 위해서 만든다. 즉 사람의 '짝'으로서 부분적으로라도 '사람 역할'을 하게 할 목적으로 만드는 것이다. 여기서 '짝'이라는 뜻이 파생하게 되었는데 '배우자(配偶者)'의 '偶'가 바로 그런 뜻이다. 사람이든 동물이든 '짝'은 결코 미리 정해져 있지 않다. 아무런 인과관계가 없이 뜻하지 않게 만나는 것이 바로 짝이다. 이에, '偶'는 '뜻하지 않게'로 그 의미가 확장되었다.

'然'은 '그러할 연'이라고 훈독하는 글자인데 명사나 동사를 부사나 형용사의 역할을 하도록 해주는 글자이다. '自然'은 '自(자신)'라는 명사에 '然'이 붙어서 '스스로 그러하게'라는 의미 즉 '자연히'라는 부사가 되었고, '肅(엄숙)'이라는 추사명사에 '然'을 붙이면 '숙연히'라는 부사가 된다. 우연(偶然)도 이미 '偶'가 가진 '뜻하지 않게'라는 의미를 부사로 정착시키기 위해 '然'을 붙여 '우연히'라는 말이 생기게 된 것이다. '우연찮게'는 '우연치 않게' 즉 '우연하지 않게'라는 뜻이니 우연의 정반대말임을 알고서 오용하지 않도록 해야 할 것이다.

역임

歷任

—

2017-09-19

얼마 전, 지인 아들의 결혼식장에 갔다. 사회가 주례를 소개하는데 "현재 ○○의 대표이사를 역임하고 계십니다."라고 한다. 역임의 정확한 뜻이 무엇인지를 모르는 채 '뭔가 중요한 자리를 맡고 있는 사람을 소개할 때 사용하는 말'일 것이라는 짐작으로 '역임'이라는 말을 사용하는 것 같았다. 한글전용을 강력하게 주장한 최현배가 말은 동전의 액면처럼 "현시적", "평판적"으로 즉 사회에서 사람들이 A라는 뜻으로 사용하는 성싶으면 나도 그냥 A라는 뜻으로 사용하면 그만이지, 굳이 그 어원이나 본래의 뜻을 따질 필요가 없다고 한 말이 생각났다.

정말, 어원을 거슬러 올라가 본래의 바른 뜻을 찾아 쓸 필요가 없는 것일까? 결코 아니다. 말은 사회적 약속이기 때문에 정확하게 사용해야 한다. 약속이 불분명하여 자의적으로 사용하면 혼란이 일어날 수밖에 없다. 말 한마디가 세상을 바꿔 놓을 수도 있다는 사실을 명심해야 한다. 모든 오해와 분란은 말로 인하여 생긴다. 어원을 무시한 채 "현시적", "평판적"으로만 사용하면 될 일이겠는가!

역임은 '歷任'이라고 쓰며 각 글자는 '지낼 역(력)', '맡을 임'이라고 훈독한다. 따라서 '역임'은 '지나간 맡은 일' 즉 과거에 맡았던 일을 일컫는 말이다. "○○○ 님께서는 ○○○. ○○○ 등을 두루 역임하셨고, 지금은 ○○에 재직하고 있습니다."라고 해야지 "현재 ○○○를 역임하고 계십니다."라고 해서는 안 되는 것이다.

혹자는 '力任'이라고 쓰고 '힘써 맡고 있다'고 풀이하면 되지 않느냐고 반문할지 모른다. 말이 전혀 안 되는 건 아니지만 아직 우리의 국어사전에는 '역임(力任)'이라는 단어는 올라와 있지 않다. 지금까지 사회적 약속으로서의 '역임'은 '歷任'이 있을 뿐이다. '歷任'을 잘못 사용하여 '현재 ○○를 역임하고 있다.'고 해놓고서는 '力任'이라는 신조어까지 만들어 오용을 합리화하려고 해서는 안 될 것이다.

방향方向과 방향성方向性

2017-09-21

　새로운 사업을 시작할 때 미래에 대한 전망을 제대로 해야 한다거나, 기왕에 해오던 사업의 주변여건이 변하여 새로운 진로를 모색해야 할 때 사람들은 "새로운 방향성을 제시해야 한다."라는 말을 많이 한다. 심지어는 뉴스보도에서도 그런 말을 더러 듣는다. 다 잘못된 말이다. 그냥 "새로운 방향을 모색한다."거나 "새로운 방향을 제시했다."고 하면 된다. 굳이 '성(性)'자를 붙여야 할 이유가 없다.

　방향성이라는 말을 사용하고자 한다면 "방향성이 있는 정책인지 아닌지를 잘 파악하여…"라고 한다든지, "일정한 방향성을 갖춘 정책이 되도록 보다 면밀하게 검토해야 할 것이다.…"라는 식으로 사용해야 한다. 방향은 방위의 향배 즉 향하는 방향이 앞쪽인지 뒤쪽인지 왼쪽인지 오른쪽인지를 말하는 것이고, 방향성은 그렇게 택한 방향이 갖는 어떤 속성, 특성 등을 칭하는 말이다. 예를 들자면 다음과 같은 식으로 방향과 방향성을 구별하여 사용해야 한다.

"한국 축구의 새로운 도약을 위해 체계적인 지도자 양성 프로그램이 절대적으로 필요하다는 인식아래 새로운 방향을 모색하고 있으나, 우선 급한 대로 외국의 유명 감독을 하루 빨리 영입해야 한다는 의견이 대두하면서 '체계적인 지도자 양성 프로그램' 구축의 방향성에 대한 논란이 일고 있다."

체계적인 지도자 양성 프로그램이 절대적으로 필요하다는 방향을 설정했음에도 다시 외국감독을 영입하자는 의견이 대두하는 상황이 되고 보니 원래 설정한 체계적인 지도자 양성이라는 프로그램의 방향성을 두고 논란이 생겼다는 뜻이다. 방향과 방향성은 이처럼 비슷한 것 같지만 매우 다른 말이다. 말은 정확하게 구별하여 사용해야 한다. 말을 정확하게 사용하지 않는 사회에서는 상황에 따라 말을 적당히 바꾸거나 남의 말꼬리를 잡아 자기이익만 챙기려 드는 사람이 늘어날 수밖에 없다. 정확하지 않은 말이 변신의 꼼수와 시비다툼의 빌미를 제공해 주기 때문이다.

창공

蒼空

—

2017-09-25

날씨도 선선하고 하늘도 파랗다. 한국의 가을은 이래서 상쾌하다. 그런데 사나흘 걸러 한 번씩 중국 발 황사가 나타나 우리의 쾌청한 하늘을 엉망으로 만들어 놓곤 한다. 물론, 우리 스스로 만들어 내는 미세 먼지도 없진 않지만 중국 때문에 피해를 보는 부분에 대해서는 심기가 불편할 수밖에 없다. 중국은 이웃 나라에 피해를 주지 않도록 지금부터라도 대기오염을 비롯한 제반 환경문제 해결을 위해 더 많은 노력을 해야 할 것이다.

1970년 때만 해도 우리나라 하늘은 정말 푸르렀다. 오죽했으면 이희승 선생이 우리나라의 하늘을 "손톱으로 툭 튀기면 쨍하고 금이 갈 듯, 새파랗게 고인 물이 만지면 출렁일 듯, 저렇게 청정무구를 드리우고 있건만."이라고 표현했을까? 청정무구는 '清淨無垢'라고 쓰며, 각 글자는 '맑을 청', '깨끗할 정', '없을 무', '때 구'

라고 훈독한다. 맑고 깨끗하여 때라곤 없다는 뜻이다. 우리나라의 가을 하늘은 그렇게 때 하나 없이 파랗고 맑았다. 어린 시절, 가을 운동회 날 아침에 만국기 너머로 바라보던 하늘은 그야말로 창공이었다.

창공은 '蒼空'이라고 쓰며 각 글자는 '푸를 창', '하늘 공'이라고 훈독한다. 글자 그대로 '푸른 하늘'이라는 뜻이다. 그런데 요즈음 신문이나 잡지를 보면 더러 '푸른 창공'이라고 쓴 경우를 발견한다. 창공이 이미 '푸른 하늘'이라는 뜻인데 다시 '푸른' 이라는 말을 붙여야 할 이유가 없다. 이는 '역 앞 광장'을 '역전(前) 앞 광장'이라고 잘못 사용하는 경우와 같은 사례이다.

우리는 무심코 이런 오류를 범하는 경우가 많다. '폭음(爆音) 소리'도 그러한 예의 하나이다. '爆音'이 이미 뭔가가 '터지는 소리'인데 다시 '소리'라는 말을 덧붙여야 할 이유가 없다. '푸른 창공'은 결코 창공을 강조한 표현도 아니다. 오용일 따름이다. 보다 더 섬세하고 정확한 말을 사용하도록 노력해야 할 것이다.

고함高喊과 함성喊聲

2017-09-28

고함과 함성은 우리가 일상으로 사용하는 말이다. "고함소리에 깜짝 놀라 밖을 내다보니…"라든가, "민중의 함성에 귀를 기울여야 한다."느니 하는 경우가 그 좋은 예이다. 고함이나 함성의 '함'은 '喊'이라고 쓰며 '소리 함'이라고 훈독한다. '喊'은 'ㅁ'와 '咸'이 합쳐진 글자이다. 이처럼 두 글자가 합쳐져서 이루어진 글자는 뜻을 나타내는 글자끼리 합쳐진 경우 '회의(會意)'자(字)라고 하고, 뜻을 나타내는 글자와 소리를 나타내는 글자가 합쳐진 글자를 '형성(形聲)'자(字)라고 한다. 나무(木)라는 뜻끼리 모인 '林(수풀 림)'이나 '森(수풀 삼)'이 회의(會意)자의 대표적인 예이고, '대나무(竹)'라는 뜻과 '관(官)'이라는 소리가 위아래로 결합하여 이루어진 '管(대롱 관, 피리 관)'이 형성(形聲)자의 한 예이다.

'喊'은 'ㅁ'에서 '말하다'라는 뜻을 따오고 '咸'에서

'함'이라는 소리를 따서 합침으로써 이루어진 형성자이다. '咸'은 '다 함'이라고 훈독하며 '다(all)', '끝까지 전부'라는 뜻인데 단순히 소리부분을 구성하는 역할만 하는 게 아니라, 뜻의 성분으로도 작용한다. 즉 '喊'은 소리를 내는 입(口)의 역할을 끝까지 다(咸)하여 내는 소리인 것이다. 高喊의 '喊'이 바로 그런 의미이다.

그런데 '咸'이 가진 '다(all)'의 의미에는 '모두 함께'라는 뜻도 있다. 함성(喊聲)은 모두 함께 지르는 소리이다. 정리하자면, 고함은 개인별로 있는 힘을 다해 소리지르는 것이고, 함성은 다 함께 외치는 소리인 것이다. 따라서 '있는 힘을 다해 고함하는 소리'라는 의미에서 '고함 소리'는 사용이 가한 말이다. 고함이라고만 해도 충분하지만 소리라는 말을 덧붙인다고 해도 어색하지 않은 것이다. 그러나 '함성 소리'는 잘못된 말이다. 이미 함성의 '성(聲:소리 성)'이 '소리'라는 의미인데 다시 '소리'라는 말을 덧붙일 필요가 없기 때문이다.

사우월

思友月

—

2017-10-10

　추석이 지난 지 6일째 되는 날에야 달(月) 이야기를 하자니 약간 어색하기는 하나 1600여 년 전 중국의 전원시인 도연명도 '추월양명휘(秋月揚明輝:가을 달은 밝은 빛을 떨치네. 揚:떨칠 양, 輝:빛 휘, 빛날 휘)'라는 구절로 가을 달을 읊었으니 꼭 중추절이 아니더라도 가을에는 달 이야기가 어울리는 화제라고 생각한다.

　우리 가곡 중에 〈사우월(思友月)〉이라는 게 있다. 향파(香波) 작사, 구두회(具斗會) 작곡으로 알려져 있지만 사실 향파는 구두회 선생의 아호이다. 구두회 선생이 작사를 하고서도 마치 다른 사람인 양 아호로 작사자를 밝힌 것이다. 세레나데 분위기가 물씬 풍기는 이 노래는 구두회 선생이 부인과 연애시절에 부인을 위해 지은 노래라고 한다.

　"저 달빛, 저 달빛 흘러내려"로 느리게 시작한 노래

가 중간 부분 "저 광활한 저 달빛 저 달 속에"에 이르러서는 적잖이 빨라지면서 연인에 대한 사랑의 격정을 쏟아낸다. 연인이든 친구든 그리운 사람을 달빛을 보며 그리워하던 시절의 노래이다. 지난 추석, 날씨가 흐려서 휘황한 달을 보지 못했다. 만약 그날, 달빛이 휘황했다면 이 시대의 우리도 달을 보며 친구를 그리워했을까? 아마 그런 사람이 거의 없었을 것이다. SNS가 지나칠 정도로 많이 발달하여 맘만 먹으면 언제라도 화면을 통해 얼굴을 마주할 수도 있고 대화를 할 수도 있기 때문에 이제는 그리울 일이 아예 없는 세상이 되고 만 것이다.

思友月은 국어사전에는 없는 단어이다. '생각 사(思)'와 '벗 우(友)'를 쓴 '思友'도 국어사전에 올라와 있지 않다. '思友'는 '벗을 생각한다.'는 뜻의 한 문장인 것이다. 20~30년 전만 해도 이처럼 한자를 이용하여 필요한 말을 만들어 쓰기도 하였다. 思友月! 벗을 생각하게 하는 달! 아름다운 표현이지 않은가? 이 가을에 누구라도 思友月을 한번쯤 가슴에 품어봤으면 좋겠다.

역대급

歷代級

—

2017-10-11

　요즈음 방송에서 '역대급'이라는 말을 많이 듣는다. 역대급 가수, 역대급 인물, 역대급 사건⋯ 본래 없던 말이었는데 언제부터인가 한두 용례가 보이는 성싶더니만 이제는 유행어처럼 번져서 드러내 놓고 사용하고 있다. '역대 최고 혹은 최저, 최선 혹은 최악'이라는 말에서 최고나 최저라는 말을 빼버리고 그냥 '역대급'이라고만 하고 있는 것이다.

　역대는 '歷代'라고 쓰며 각 글자는 '지나올 력(역)', '시대 대'라고 훈독한다. 따라서 歷代는 '지나온 시대'라는 뜻이다. 그러므로 '역대급'이라는 말은 아예 성립할 수가 없다. '지나온 시대급'이라고만 한다면 사실상 전혀 의미 전달이 안 되기 때문이다. '역대 최고의 무대', '역대 최고의 가수', '역대 최악의 총기 난사 사건' 등처럼 말해야만 "지나온 과거의 시대를 돌아보아도 이

만한 무대, 이만한 가수, 이만한 사건이 없다."는 뜻이
된다. '역대급 무대', '역대급 가수', '역대급 사건'이라
고만 하면 "지나온 시대급 무대, 지나온 시대급 가수,
지나온 시대급 사건"이라는 꼴의 말 아닌 말이 되는 것
이다.

세상이 너무 빠르게 변화하다보니 일상으로 사용하
는 말마저도 이렇게 말이 안 되는 꼴로 축약하여 일종
의 유행어로 사용하고 있다. 이런 유행어는 언젠가는
사라진다. 유행이 사라진 후에는 그게 무슨 말인지 알
아듣기가 쉽지 않다.

유행어는 소멸되었지만 유행어가 활개를 치던 시절
의 기록에는 이런 말들이 그대로 남아서 그 기록이 후
대에 전해지면 후대사람들은 이런 말들을 마치 암호를
대하듯이 연구하여 해독해야 한다. 소리글자로만 쓴 서
양의 문장이 불과 300~400년만 지나도 해독하기 어려
운 이유가 바로 여기에 있다. 영상의 시대라고 해서 문
자가 아예 필요가 없는 것은 아닐 테니 후대를 위해서
라도 어법과 문법에 맞는 바른 말을 쓰려는 노력을 해
야 할 것이다.

시치미

—

2017-10-16

　대부분의 다툼은 양측 중 어느 한 측이 거짓말을 하는 데에서 시작된다. 한 사람은 진실을 덮으려 들고 다른 한 사람은 진실을 밝히려 할 때 다툼은 시작되는 것이다. 대부분의 법정 공방도 거짓말을 하는 사람과 진실을 밝히려 하는 사람 사이의 싸움이다. 거짓말을 하는 사람이 시치미를 떼고 억지를 부리면 이를 당하는 사람은 분통이 터질 수밖에 없다.

　재판이란 바로 서로가 시치미를 떼고 있다는 주장에 대해 어느 쪽이 정말 시치미를 떼고 있는지를 밝히는 일이다. 당연히 제대로 밝혀야 한다. 만약 판결을 반대로 하게 되면 진짜 시치미를 뗀 사람의 악행은 벌을 받기는커녕 오히려 권장되고, 억울한 사람의 한은 풀기는커녕 몇 배로 더 쌓이게 하는 결과를 낳게 된다. 이런 부당한 재판이 몇 건만 생겨도 사회정의는 형편없이 무너지게 된다.

문제는 시치미를 떼는 사람을 가려내기가 쉽지 않다는 데에 있다. 시치미란 원래 사냥을 하는 매의 꼬리에 방울과 함께 달아 둔 매 주인의 이름표를 이르는 말이다. 매를 이용하여 꿩과 같은 새를 사냥하는 매사냥은 지금 유네스코 인류무형문화유산으로 등재되어 있다. 매는 기르기도 쉽지 않고 길들이기는 더욱 어려운 일이어서 훈련된 매는 매우 고가였다고 한다. 고가이니 만큼 자신의 매를 잃어버리지 않기 위해 매의 꼬리에 방울과 함께 동물의 뿔을 다듬어 그 위에 주인의 이름을 쓰거나 새긴 이름표를 함께 매달았다. 이 이름표를 '시치미'라고 한다.

이렇게 이름표를 달았더라도 남의 매를 욕심내는 나쁜 사람은 본래 주인의 이름표를 떼어버리고 자신의 이름표를 붙인 후에 자신의 매라고 주장한다. 이게 바로 '시치미를 떼는' 상황이다. 매는 모습이 서로 비슷한 데다가 말을 못하는 짐승이기 때문에 이처럼 시치미를 떼어버리면 원래의 주인을 가리기가 쉽지 않다. 지금 우리 사회에는 법정에서도 시치미를 떼는 사람이 많다. 양심이라곤 없는 나쁜 사람들이다.

물 타기와 호도糊塗

2017-10-17

    국정감사에서 상대 당의 정당한 주장을 약화하기 위해서 사안의 본질에서 벗어난 엉뚱한 얘기를 한다거나, 이미 명백하게 드러난 사실을 감추기 위해 문제의 쟁점을 피해 말꼬리만 잡고 늘어지는 일이 비일비재하다. 이러다 보니 서로 '물 타기'를 한다거나 '사건의 본질을 호도하려 한다.'는 비방이 난무하고 있다.

    '물 타기'는 일종의 비유법이다. 진한 원액에 물을 섞어버림으로써 원액의 진한 맛을 싱겁게 하는 것이 '물 타기'의 본래 의미인데 언제부터인가 우리는 상대방의 주장을 약화시키기 위해 본질에서 벗어난 얘기로 화제를 돌리려 드는 것을 '물 타기'라는 말로 표현하고 있다. 그런가 하면 사실을 감추기 위해 문제의 쟁점을 피해 말꼬리만 잡으면서 흐지부지하는 경우도 있다. 사건의 본질을 호도하는 작태이다.

호도는 '糊塗'라고 쓰며 각 글자는 '풀 호', '칠할 도'라고 훈독한다. 따라서 糊塗는 '풀칠하기'라는 뜻이다. 풀칠은 왜하는가? 뭔가를 덧붙임으로써 원래 있던 것을 덮어버리기 위해서이다. 진실을 호도한다는 것은 바로 그렇게 뭔가 엉뚱한 다른 것을 이용하여 진실을 덮어버린다는 의미이다.

물 타기는 본질을 흐려 놓음으로써 진상을 보지 못하게 하려는 속임의 기술이고, 호도는 아예 진실을 덮으려고 하는 기만행위이다. '물 타기'든 '호도(풀칠하기)'든 다 심각한 범죄행위인 것이다. 그럼에도 불구하고 법을 다루는 국회에서 그런 '물 타기'와 '호도'가 비일비재하게 일어나고 있다. 안타까운 현실이다. 당리당략을 위해 싸우려고 국정감사를 하는 게 아니라, 국가의 안보를 튼튼히 하고 국민의 행복을 지키기 위해 정부가 해온 일을 꼼꼼하게 따져 잘한 일은 더욱 권장하고 잘못한 일은 바로잡기 위해 국정감사를 한다는 사실을 잊어서는 안 될 것이다.

안위安危와 안보安保

2017-10-18

　정부의 외교안보정책을 두고 여·야의 공방이 치열하다. "국가의 안위를 지키기 위해"라는 말이 자주 나오고, "이래 가지고서 어떻게 국가의 안위를 책임질 수 있겠느냐"는 질타도 쏟아지고 있다. 다 잘못하고 있는 말들이다.

　'안위'는 '安危'라고 쓰고 '안전할 안', '위태로울 위'라고 훈독하며 '안전과 위태로움'이라는 뜻이다. 그러므로 국가의 안위를 지킨다거나 책임진다는 말은 국가의 '안전과 위태로움'을 다 지키고 책임진다는 뜻이 되고 만다. 말이 안 된다. 안전이나 안보는 책임지고 지켜야 할 대상이지만 위태로움은 책임지고 지켜야 할 대상이 아닌데 안전과 위태로움 둘 다 책임지고 지켜야 한다고 하니 말이 안 되는 것이다. 혹자는 '위로할 위(慰)'를 써서 '安慰'라고 하면 된다는 반론을 제기한다. 더욱 말이 되지 않는다. '安慰'는 어떤 일을 당하여 몸과 마음이 다 피폐해진 사람을 위로할 때 사용하는 말이기 때문이다.

고대중국의 사상가인 한비자(韓非子)는 "안위재시비, 부재어강약(安危在是非, 不在於强弱)"이라고 했다. '시비(是非: 옳을 시, 아닐 비)'는 '옳고 그름'이라는 뜻이다. '강약(强弱: 강할 강, 약할 약)'은 문자 그대로 '강하고 약함'이라는 뜻이다. '在'는 '있을 재'인데 여기서는 "…에 달려 있다"는 의미로 쓰였다. "한 나라의 안전과 위태로움은 옳고 그름을 분명히 가리는 데에 달려 있지, 경제력이나 군사력의 강함과 약함에 달려 있지 않다."는 뜻이다.

한비자인들 어찌 경제력과 군사력의 중요성을 알지 못했겠는가! 그러나, 그는 안전과 위태로움의 관건이 경제력과 군사력의 강약보다는 시비를 분명이 가리는 정의로움에 있다고 본 것이다. 정의롭지 않은 안전과 평화는 끝까지 이어지지 않는다. 눈앞의 경제적 이익에 급급하여 일본이나 중국의 정의롭지 못한 역사왜곡을 방치할 때 우리는 또 다시 국난을 당할 수 있음을 명심해야 할 것이다.

피휘

避諱

–

2017-10-25

돌아가신 분이나 촌수나 지위가 높으신 분들의 이름을 함부로 입에 올리지 않기 위해 낱글자로 풀어 말하는 것을 기휘라고 한다. 그런데 기휘(忌諱)보다도 더 엄하게 이름에 사용하는 글자를 통제한 제도가 있었다. '피휘(避諱)'가 바로 그것이다. '避諱'는 각각 '피할 피', '이름 휘'라고 훈독하는데 왕이나 황제의 이름에 사용한 글자는 아예 일상의 문자로 사용하지 못하도록 제한한 것이 피휘이다.

아무리 지위가 높은 신하라도 글을 지으면서 반드시 피해야 할 황제의 이름자를 피하지 않고 문장에 그대로 사용한 것이 발견되면 가혹한 벌을 받았다. 독재성이 강한 나라일수록 피휘가 엄격하고 까다로웠는데 중국의 청나라는 만주족이 세운 나라로서 피지배자인 한족들에 대한 독재가 심했고 이런 독재를 반영하여 피휘를 하지 않은 자는 여지없이 하옥하고 심지어는 참수하는 중형으로 다스렸다.

그렇다면 황제의 이름을 어떤 방법으로 피했을까? 이미 황제의 이름자로 사용된 글자를 부득이 자신이 문장에 사용해야 할 경우, 당시는 다 세로쓰기를 했으므로 줄을 바꿔서 맨 위로 올려 쓴다든지 아니면 해당 글자의 모양을 다 완성하지 않고 일부 필획을 생략하여 '쓰다가 만' 상태로 두는 등 반드시 그것이 황제의 이름자와 관련이 있는 글자임을 표시해야 했다. 깜빡 잊고서 그런 표시가 없이 문장을 쓴 것이 발견되면 누구를 막론하고 하나같이 참혹한 형벌을 받았으니 이로 인해 백성들의 문자생활이 매우 불편했음은 물론이다.

중국이 이처럼 엄격하게 피휘를 적용한 데에 반해 조선의 왕들은 애당초 이름을 지을 때부터 백성들이 일상 문자생활에서 거의 사용하지 않는 벽자(僻字 僻:후미질 벽, 피할 벽)를 사용하거나 아예 새로운 글자를 만들어 이름을 지음으로써 백성들의 문자생활에 가능한 한 지장을 주지 않으려고 했다. 위대한 민본정신이라고 아니할 수 없다.

곤혹困惑과 곤욕困辱

2017-10-26

국정 감사가 진행되고 있다. '적폐 청산'이라는 여당의 입장과 '정치보복'이라는 야당의 입장이 맞서다 보니 국감장이 조용할 리가 없다. 고함과 삿대질이 오가면서 항간에선 더러 '국회의원 갑질'이라는 평이 나오기도 했다. 이런 갑질 앞에서는 곤욕을 치르는 사람이 있을 수밖에 없다. 따져 묻는 사람은 할 말을 다 해놓고서는 답변을 하는 사람더러는 거두절미하고 '예', '아니요'라고만 답하라고 하니 답을 하는 입장에서는 곤혹스럽다 못해 곤욕을 치르기 일쑤인 것이다.

곤혹과 곤욕은 비슷한 말인 것 같지만 의미 차이가 상당히 많은 말이다. 곤혹은 '困惑'이라고 쓰며 각 글자는 '곤할 곤', '미혹할 혹'이라고 훈독한다. '곤하다'는 말은 피곤하여 졸린다는 뜻도 있고 곤란한 지경에 처하여 괴로움을 당하고 시달린다는 뜻도 있다. 미혹은 홀려서 헷갈리거나 의심되어 흐릿한 상태를 뜻한다. 따라서 곤혹은 곤란한 지경에 처하여 시달리다 보니 어쩌할 바를 몰라 허둥대는 상태를 나타내는 말이다. 흔히 '곤혹스럽다'는 형태로 쓴다.

곤욕은 '困辱'이라고 쓰는데 '辱'은 '욕될 욕'이라고 훈독하는 글자로서 남에 의해 내가, 혹은 내가 남을 더럽히거나 수치스럽게 하는 행위를 이르는 말이다. 그러므로 곤욕은 누가 누군가를 곤란한 상태에 빠트려 괴롭히고 명예를 더럽히며 수치감을 주는 행위를 말한다. 흔히 당하는 입장에서 '곤욕을 치른다'는 형태로 사용한다.

곤혹은 일을 잘못한 사람이 허둥대는 상황이다. 그래서 총리나 장관 등 정부 측 사람들이 국감장에서 곤혹스러운 표정을 짓는 경우가 많다. 곤욕은 자신의 잘못보다는 상대의 폭언이나 억울한 갑질로 인해 치욕을 당하는 경우를 이르는 말이다. 국회의원들은 명확한 증거를 들어 정확하게 지적함으로써 정부 관계자들을 곤혹스럽게 해야 할 필요는 있지만 부당한 갑질로 정부 관계자들로 하여금 곤욕을 치르게 해서는 안 될 것이다.

권卷과 장章

2017-10-31

책을 세는 단위는 권이다. 한 권 책의 세부 분절 중 가장 큰 단위는 장(章)이다. 음악의 분절을 나타내는 단위로도 대개 '장(章)'을 사용하는데 '운명 교향곡 제1악장'이라고 할 때의 악장(樂章)이 바로 그것이다.

송나라 말기까지만 해도 오늘날과 같이 책장을 넘기는 책은 나타나지 않았다. 다 두루마리 형식이었는데 그런 두루마리를 '권(卷)' 혹은 접미사 '자(子)'를 덧붙여 '권자(卷子)'라고 했다. '卷'은 본래 '말(roll) 권'이라고 훈독하는 동사였는데 그것이 두루마리로 말아져 있는 한 권(卷)을 뜻하는 명사로 쓰이게 되자, 본래의 '말 권(卷)'에 마는 동작을 하는 손(扌=手)을 덧붙인 '捲'을 새로 만들어 그것을 '말 권'자로 사용하고 '卷'은 책을 나타내는 단위를 뜻하는 글자로 굳어지게 되었다.

두루마리 하나에다 책 전체를 다 베껴 넣지 못하고

한 두루마리에 한 장(章:chapter)씩 베껴 넣었기 때문에 권은 본래 'a book'의 개념이 아니라, 'one chapter'의 개념이었다. 'a book' 즉 'volume'을 뜻하는 글자로는 '책(冊)'을 사용하였다. 그래서 옛 사람들은 문집을 말할 때 '제○책, 제○권'이라고 했다. 그랬던 것이 인쇄술이 발달하여 활자(font)의 크기가 작아지고 제본기술도 향상되어 전(全) 권을 한 책으로 묶을 수 있게 되자, 본래 one chapter의 개념이었던 '권'이 'a book' 개념의 책을 세는 단위가 되었다.

장(章)은 '音'과 '十'이 합쳐진 글자로서 '音'은 음악을 의미하고 '十'은 십진법에서 세기(counting)를 다한 완수(完數)이기 때문에 완전하게 이루어진 한 세트(set)를 의미한다. 그러므로 章은 한 세트의 음악을 세는 단위인 악장의 의미였던 것이 나중에는 책의 낱권 내에 포함되는 한 chapter의 개념으로도 쓰이게 되었다. 가을이다. 권이든 장이든 책도 읽고 음악도 더 많이 들어야 할 때이다.

제화시題畫詩와 화제시畫題詩

2017-11-06

한국, 중국, 일본 등 한자문화권 국가에서는 예로부터 그림을 그린 다음에 여백에 그림과 어울리는 필체로 어울리는 시를 써넣었다. 한 화폭 안에 든 시와 서예와 그림이 잘 어울려서 하나의 작품을 이룰 때 그런 작품 혹은 그런 작품을 그린 작가를 일컬어 '시·서·화 삼절(詩·書·畵 三絶)'이라고 했다. 이때의 '절(絶)'은 '끊는다'는 의미가 아니라 '여기서 끊겨서 더 이상은 없다'는 의미로서 '매우 빼어난 상태'를 뜻한다. 매우 빼어난 노래라는 의미인 '절창(絶唱)'의 '絶'이 바로 그렇게 사용된 또 하나의 대표적인 예이다.

시·서·화 삼절은 서양에는 없고 한·중·일 등 한자문화권 국가에만 있는 독특한 사상이자 양식인데 이처럼 그림 안에 써넣는 시를 우리나라에서는 흔히 화제시(畫題詩)라고 한다. 그런데, 중국에서는 화제시와 제화시(題畵詩)를 구분하여 사용한다. 비슷한 것 같지만 엄밀히 따지자면 畵題詩와 題畵詩는 상당히 다른 개념이다.

중국어는 「동사+목적어」의 형태로 서술하는데 우리는 「목적어+동사」의 형태로 서술한다. 예를 들자면 우리는 '밥을 먹는다'는 형태로 서술하지만 중국어에서는 '吃飯(吃:먹을 흘, 飯:밥 반)' 즉 '먹는다 밥을'이라는 형태로 서술하는 것이다. 따라서 '畵題詩'는 '題詩를 畵한다'는 뜻이고, '題畵詩'는 '畵를 題한 시'라는 뜻이다.

그림을 먼저 그린 다음에 그 그림에 맞는 시를 제하여(지어) 쓴 시가 題畵詩이고, 어떤 시를 그림으로 표현한 것이 '시를 그린 그림속의 그 시' 라는 뜻의 '畵題詩'인 것이다. 송나라 이래로 기능이 출중한 화가를 뽑기 위해 더러 시를 제시하고 그 시 속의 정경을 그림으로 그리게 한 경우가 적잖은데 이 경우의 시가 바로 '畵題詩'인 것이다. 정리하자면 그림이 먼저이면 제화시이고, 시가 먼저이면 화제시이다. 시를 그림으로 그리기도 하고 그림을 그린 후 시를 지어 넣기도 하는 그림이 진정한 문인화일 것이다.

회유

懷柔

—

2017-11-07

뉴스에 어떤 회사에서 여직원을 회유하려고 했다는 기사가 나왔다. 회유는 '懷柔'라고 쓰며 각 글자는 '품을 회', '부드러울 유'라고 훈독한다. 글자대로 풀이하자면 '부드러움을 품다'라는 뜻이어서 자칫 좋은 의미가 담긴 말로 오해할 수도 있다.

상대를 대하면서 부드러움을 품는 것은 당연히 좋은 태도이다. 그런데 그 부드러움이 자신의 이익을 챙기거나 나쁜 목적을 달성하기 위해 가식적으로 품은 부드러움이라면 그것은 소름이 끼칠 정도로 나쁜 행위이다. 그래서 중국어에서는 懷柔와 같은 뜻의 단어로 '利誘'라는 말도 사용하는데 각 글자는 '이로울 리', '꾈 유'라고 훈독하며, '자신에게 이롭도록 꾄다.'는 뜻이다. 잘못을 저질렀으면 반성하고 사과하고, 필요하다면 최대한으로 보상을 할 생각을 해야지 자신에게 이롭도록 상대를 꾀어서 무마하려 하는 것은 참으로 비열한 행동인 것이다.

우리말에 '으르다'와 '어르다'는 말이 있다. '으르다'는 상대편이 겁을 먹도록 무서운 말이나 행동으로 위협한다는 뜻이고, '어르다'는 행동이나 물건을 보여주거나 들려줌으로써 어린 아이를 달래거나 즐겁게 해준다는 뜻이다. 여기서 뜻이 더 확대되어 사람이나 짐승을 놀리는 행위를 뜻하는 말로도 사용하게 되었는데 곡예사가 사자나 코끼리를 길들여 곡예사가 시키는 대로 하게 할 때도 '어르다'는 말을 사용하고, 사람이 사람으로 하여금 어떤 일을 하도록 구슬리는 것도 '어르다'는 말로 표현한다. 이처럼 사람이든 짐승이든 강자가 약자를 자신의 목적에 맞도록 사용하기 위해 어르는 것을 懷柔라고 하는 것이다.

따라서 회유라는 말 안에는 이미 상대를 어린아이 취급하거나 동물 취급한다는 의미가 내포되어 있다. 매우 기분 나쁜 말이다. 처음부터 인격을 모독한 상태에서 비열하게 파고드는 행위이기 때문이다. 어르는 회유가 으르는 협박보다 더 무서울 수도 있음을 알고 회유하는 죄를 범하지 않아야 할 것이다.

일박이일一泊二日과 일야양천一夜兩天

2017-11-09

좋은 철이라서 여행을 계획하다 보면 으레 'ㅇ박ㅇ 일'이라는 말을 하게 된다. 'ㅇ박ㅇ일'은 여행 일자를 계산하는 상투어가 된 것이다. 그런데 이때의 '박'은 '泊' 을 쓰며 '배댈 박'이라고 훈독한다. 즉 '정박(碇泊)'의 의미인데 '碇泊'의 '碇'은 '닻 정'이라고 훈독한다. 항구에 배를 대고 닻을 내림으로써 배의 운항을 멈추는 것이 곧 정박인 것이다.

그런데 이 '泊'자가 우리 사회에서는 '잠잘 숙(宿)'과 함께 쓰여 '宿泊'이라는 말이 만들어져 가는 날과 오는 날 이틀에다 하루 저녁 잠을 자는 일정을 1박2일이라는 말로 표현하고 있는 것이다.

한자 어원대로 보자면 '宿泊'은 배로 여행하면서 배 안에서 잠을 잘 때 사용하는 말이다. 옛 시의 제목으로 쓰인 '泊'은 거의 다 그런 의미이다. 당나라 시인 두목(杜

牧)의 〈박진회(泊秦淮)〉도 '진회에 배를 대고'라는 뜻인데 시의 내용으로 보아 나루에 배를 대고 배 안에서 잠을 자게 된 상황에서 지은 시이며, 그 유명한 장계(張繼)의 '풍교야박(楓橋夜泊)'도 시에 묘사된 정황으로 보아 중국 강소성 한산사(寒山寺) 근처에 있는 풍교라는 다리 아래에 배를 대고 배 안에서 하루 밤을 묵으며 지은 시이다.

"남선북마(南船北馬)", 즉 "북쪽 지방에서는 말, 남쪽 지방에서는 배"라고 했듯이 중국의 장강 이남 지역은 운하가 발달하여 교통과 운송수단으로 말보다도 배를 더 많이 이용하였다. 그러다보니 여행 도중에 배 안에서 잠을 자는 경우가 많았는데 그것을 '泊'이라는 글자로 표현한 것이다. 따라서, 배에서 잠을 자지 않는 여행 일정에 '泊'을 사용하는 것은 좀 어색하다.

그래서 현대 중국어에서는 '일야양천(一夜兩天)'이라는 식으로 말한다. 여기서의 '天'은 '日'과 같은 의미여서 '일야양천(一夜兩天)'은 '하루 밤, 이틀 낮'이라는 뜻이다. 우리의 1泊2日도 1夜2日 혹은 1宿2日로 말하는 것이 보다 더 정확한 표현일 것이다.

입력入力과 출력出力

2017-11-21

컴퓨터가 보급된 후, '입력', '출력'이라는 말에 익숙해졌다. 컴퓨터 안에 뭔가 정보를 집어넣는 행위를 입력이라 하고, 컴퓨터로부터 뭔가를 빼내는 일을 출력이라고 한다. 문서 작성을 예로 든다면 타자를 하는 행위를 입력이라고 하고, 타자한 내용을 종이에 인쇄해 내는 것을 출력이라고 한다. '들 입(入)'과 '날 출(出)', '힘 력(力)'을 쓴다. 입력은 힘을 들이는 것이고 출력은 힘을 빼는 것이다. 따라서 입력이나 출력은 본래 "기계에 동력(動力:움직일 수 있는 힘))"을 주거나 기계가 한 일의 결과를 얻는 행위를 칭하는 말이었다.

그런데 그것이 컴퓨터에 적용되면서 컴퓨터에 어떤 데이터를 줌으로써 문자나 숫자를 기억하게 하는 일을 입력이라고 하고, 입력해준 데이터를 바탕으로 컴퓨터가 어떤 결과를 내 놓았을 때 그것을 빼내어 활용하는 행위를 출력이라고 하게 되었다. 입력은 'input'이고 출력은 'output'이다. 자판의 'Enter'키는 'input'을 하는 키이므로 '들어가다'는 뜻의 'Enter'라는 단어를 사용했고, 'output'의 대표적인 사례는 인쇄이므로 메뉴에는 'print'가 있다. 일본에서 사용하기 시작한 '입력' '출력'이라는 용어를 우리가 그대로 차용한 것으로 보인다.

중국에서는 입력을 '수입(輸入:[수루])'이라고 하고 출력은 '타인(打印:[따인])'이라고 한다. '輸'는 '보낼 수'라고 훈독하며 '실어 보내는' 행위를 뜻하는 글자이다. 그러므로 輸入은 직역하자면 '실어 보내어 넣는'이라는 뜻인데 그것을 우리의 입력과 같은 의미로 사용하고 있는 것이다. 외국으로부터 물건을 수입한다고 할 때도 이 輸入을 쓰기 때문에 더러 혼란스러울 때가 있다.

'타인(打印)'의 '打'는 '칠 타'라고 훈독하는데 '하다'라는 의미로 사용하는 경우가 많다. 그러므로 打印은 '인쇄하기'라는 뜻이다. 서양문명을 우리말로 표현하기가 쉽지만은 않은 것 같다.

각주脚注와 미주尾注

2017-11-22

한글 문서(hwp)를 작성하기 위해 컴퓨터 창을 열면 맨 상위메뉴 중에 '입력'이 있다. 이 '입력'을 클릭하면 '주석'이라는 하위메뉴가 뜨고, 이 '주석'에 커서를 놓으면 각주와 미주라는 차하위 메뉴가 나타난다. 대부분의 컴퓨터 사용자들이 이 각주와 미주의 기능을 잘 활용하기는 하면서도 그것을 왜 각주, 미주라고 하는지에 대해서는 잘 모르는 것 같다.

각주는 '脚注'라고 쓰고 '미주'는 '尾注'라고 쓴다. '脚'은 '다리(leg) 각'이라고 훈독하며 '尾'는 '꼬리 미'라고 훈독한다. '注'는 '물 댈 주'라고 훈독하는데 그릇이나 어떤 공간에 물을 부어 넣는 행위를 뜻하는 글자이다. 지식을 '주입(注入)'한다는 것은 그릇에 물을 부어넣듯이 머리에 지식을 부어넣는다는 뜻이고, 약물을 '주사(注射 射:쏠 사)'한다는 것은 액체로 된 약을 몸 안에 쏘

아 넣는 행위를 말한다.

글을 쓸 때에도 원문의 의미가 보다 더 명백하도록 마치 어떤 공간에 물을 대거나 부어 넣듯이 자료나 설명을 끼워 넣을 필요가 있는데 그렇게 물을 부어 넣듯이 끼워 넣는 증거자료나 보충설명을 '注'라고 한다. 그런데 나중에는 끼워 넣는 것이 '물'이 아니라 '말'이기 때문에 '물(氵:水)'대신 '말(言)'을 덧붙인 '註'도 사용하게 되어 지금은 둘 다 사용하고 있다.

그런데 이 '주(注든 註든)'는 책의 해당 페이지 바로 아래에 붙이기도 하고, 책의 맨 뒤 혹은 한 장(章:chapter)의 끝부분에 몰아서 붙이기도 한다. 해당 페이지 아래에 붙일 경우, 사람으로 치자면 다리(leg)에 해당하는 아래 부분에 붙였다는 뜻에서 '다리 각(脚)'자를 사용하여 '각주(脚注 혹은 脚註)'라 하고, 끝부분 즉 '꼬리'부분에 몰아서 붙인 경우에는 '꼬리 미(尾)'자를 사용하여 '미주(尾注 혹은 尾註)라고 한다. 일상의 언어생활을 각주나 미주를 붙이듯 꼼꼼히 하면 사람 사이의 말다툼이 좀 줄어들까?

기선機先과 선수先手

2017-11-23

　남보다 앞서 유리한 위치를 차지하거나 기회를 잡았을 때 우리는 흔히 '기선을 잡았다'느니 '선수를 쳤다'느니 하는 말을 한다.

　'기선'은 '機先'이라고 쓰며 각 글자는 '기틀 기', '먼저 선'이라고 훈독한다. '기틀 기(機)'의 '기틀'은 "어떤 일의 가장 중요한 계기나 조건"이라는 뜻이다. 그러므로 機先은 "가장 중요한 계기나 조건을 먼저"라는 뜻이다. 그러므로 뒤에 '잡았다'는 동사를 넣어 "기선을 잡았다"고 말한다. 운동 경기나 싸움 등에서 상대편의 세력이나 기세를 억누르기 위해 먼저 행동하였고 그 행동을 지속할 수 있는 역량이 충분할 때 기선을 잡았다는 표현을 한다.

　더러 기선을 잡은 것을 강조하기 위해 "기선을 제압하였다"는 표현도 하는데 제압은 상대를 통제하거나 억

누를 때 사용하는 말이므로 자신이 기선을 잡은 것을
'제압했다'고 표현하는 것은 적잖이 어색하다. 물론 상
대의 기선을 내가 제압했다는 의미로 이해할 수도 있지
만 그런 뜻이라면 응당 "상대 선수의 기틀을 우리 선수
가 먼저 나서서 제압하는군요."라는 식으로 표현해야
할 것이다.

선수는 '先手'라고 쓰는데 '手'는 '손(hand) 수'이므로
'先手'는 '먼저 손을 쓴다.'는 뜻이고 손을 쓴다는 것은
직접 행동한다는 뜻이다. 그러므로 선수는 상대가 행동
하기 전에 내가 먼저 행동함으로써 상대를 무력하게 만
드는 것을 말한다.

경쟁 사회에서는 기선을 잡는 것도 필요하고 선수를
치는 것도 필요하다. 기선을 잡는 것은 그만한 능력이
있을 때 가능하지만 선수를 치는 것은 능력과는 관계없
이 기회를 잘 살펴서 눈치 빠르게 먼저 행동만 하면 가
능한 경우도 있다. 그러므로 기선을 잡는다는 말은 대
부분 좋은 의미이지만 선수를 쳤다는 말은 더러 비열한
행위를 뜻하는 경우도 있다. 선수를 치려고 약삭빠르게
행동하기보다는 기선을 잡으려는 노력을 하는 것이 보
다 더 바람직한 삶의 태도일 것이다.

주전자酒煎子와 주전자酒傳者

2017-11-27

    요즈음에는 주전자에 술을 담아 따라 마시는 경우는 거의 없는 것 같다. 보리차마저도 '티백(Tea bag)'형태로 출시되면서 물을 끓이는 데에도 전통적 모양의 주전자보다는 예쁜 디자인의 '커피포트(coffeepot)'를 사용한다.

    주전자는 '酒煎子'라고 쓰며 각 글자는 '술 주', '다릴 전', '아들 자'라고 훈독한다. 여기서의 '子'는 '아들'이라는 뜻이 아니고 탁자 의자 등과 같이 물건의 이름 뒤에 붙이는 접미사이다. '煎'의 주된 의미는 약을 달이는 것처럼 뭔가를 달이는 것인데 단순히 끓이거나 데울 때에도 이 '煎'을 사용하는 경우가 적지 않다. 그러므로 '酒煎子'는 본래 '술을 데우는 물건'이라는 뜻이다. 사전은 주전자를 "물이나 술 따위를 데우거나 담아서 따르게 만든 그릇"이라고 풀이하고 있다.

    그러나 이제는 술집에서 주전자를 보기가 쉽지 않

다. 병에서 직접 따라 마시거나 일부 젊은 층은 아예 따르지도 않고 병을 직접 입에 대고 마시기 때문에 술을 주전자에 담을 일이 없게 된 것이다. 술을 데워 마시는 경우는 더욱 보기 힘들다. 일부 노년층이 일본 술을 마실 때 외에 주전자가 술을 데우는 용도로 사용되는 경우는 없는 것 같다.

그런데 술자리에서 전통적 모양의 양은 주전자가 바삐 오가는 곳이 있다. 전주에 있는 막걸리집들이다. 물론 다른 지역에서도 막걸리를 마실 때 주전자를 이용하는 경우가 더러 있지만 대부분은 플라스틱 병에 포장된 것을 병마개를 잡고 빙빙 돌려 탄산 성분이 넘치지 않도록 기술적으로 따서 마신다.

그런데, 전주의 막걸리 집에서는 거의 다 시골스런 정감을 느끼게 하는 양은 주전자를 사용한다. 최소한 20여 종의 푸짐한 안주를 차린 술상 위로 찌그러진 양은 주전자가 바삐 오간다. 바삐 오가는 이 주전자를 이제는 '술을 전하는 놈'이라는 뜻에서 '전할 전(傳)', '놈 자(者)'를 써서 '酒傳者'라고 하는 것이 더 합당하지 않을까?

다시와 다시금과 다시(-)

2017-11-29

우리는 일상에서 '다시'라는 말을 참 많이 사용한다. "꺼진 불도 다시 보자"라든가 "초심으로 돌아가 다시 시작한다는 각오로" 등이 바로 그런 예이다. 이때의 다시는 '하던 것을 되풀이한다'거나, '방법이나 방향을 고쳐서 새롭게 한다.', 혹은 '하다가 그친 것을 계속한다.'는 의미이다. '다시금'이라는 말도 있다. "농부는 다시금 괭이를 다잡았다."거나 "잊을 줄 알았던 그 일이 다시금 생각났다."는 표현이 바로 그런 예이다. '다시금'은 '다시'를 강조한 표현일 뿐, 뜻은 '다시'와 완전히 같다.

그런데 '다시'라는 말이 엉뚱한 곳에 사용되는 경우도 있다. 할아버지가 누군가에게 전화로 은행계좌번호를 불러 주고 있다. "육이공 다시 삼칠오칠사삼 다시 오○○…" 이때의 '다시'는 무슨 뜻이며 어디서 온 말일

까? 뜻은 짧은 한 줄을 긋는 '-'부호이고, 일본어 'ダッ シュ[dâshi]'에서 온 말이다. 우리말로 옮기자면 '줄표' 이다.

그런데 우리 언중들은 '줄표'라는 말은 거의 사용하지 않고 '다시'라는 말을 사용한다. 필자가 만난 어떤 사람은 이때의 '다시' 또한 우리말의 '다시'로 알고서 "육이공 다시 삼칠오칠사삼 다시 오○○…"을 "'육이공'에다가 다시 '삼칠오칠사삼'을 덧붙이고 거기다 다시 '오○○'을 덧붙이라"는 말로 이해하고 있었다. 말은 이렇게 뜻하지 않은 데에서 의미 변화가 생긴다. 그런데 그렇게 변한 의미가 사회에 하나의 약속으로 자리 잡으면 통용어로서의 자격을 갖게 되는 것이다.

뭐든지 다시 시작할 수 있다면 그것은 희망이지만 맨날 하는 일을 다시 한다면 지루한 삶이다. 더욱이 잘못을 다시 저지른다면 그것은 낭패와 불행이 아닐 수 없다. 겨울이 깊어가고 있다. 며칠 후면 한 해의 마지막 달인 12월을 맞게 된다. 꼭 다시 하고 싶은 일, 다시는 하고 싶지 않은 일을 잘 분간하여 한 해를 깔끔하게 마무리해야 할 것이다.

다시와 다시금과 다시 (一)

기존既存과 기왕既往

2017-11-30

친구의 딸 결혼식 당일에 참석하지 못한 친구가 한턱내겠다며 혼주를 비롯하여 평소 친하게 지내던 친구들을 불러 모았다. 물론, 결혼식에 참석했던 친구도 다시 모였다. 즐거운 저녁 식사가 시작되었다. 결혼식 당일에 사회를 맡았던 신랑 친구 젊은이가 뭔가를 한아름 들고 오더니 큰 소리로 말했다. "기존에 선물을 수령하지 못한 분들은 하나씩 가져가세요."

분위기가 왠지 썰렁해졌다. '기존에'라는 말도 어색했고, '수령'이라는 말은 너무 사무적으로 들렸기 때문이다. "그날, 선물을 받지 못하신 분들께 드리는 것입니다. 하나씩 가지고 가세요."라고 하면 될 텐데… 한자어는 필요할 때는 반드시 사용해야 하지만 쉽게 할 수 있는 말을 한자말을 오용하면서까지 굳이 어렵게 할 필요는 없다.

기존은 '旣存'이라고 쓰며 각 글자는 '이미 기', '있을 존'이라고 훈독한다. 글자대로 풀이한다면 '이미 있는'이라는 뜻이다. 전에도 사용한 적이 있는, 이미 있는 방식을 말하는 '기존의 방식'이나, 진즉에 출판되었거나 전부터 소장하고 있는 책을 말하는 '기존의 도서' 등과 같은 용례에 비해 '기존에 선물'은 적잖이 부자연스럽다. '기존에'가 아니라, '기존의'라야 맞다. 그런데 '기존의 선물'이라고 고쳐 사용한다고 해도 딱히 맞는 말은 아니다. '기존의 선물을 수령'해야 한다면 그 선물은 무성의하기 짝이 없는 게 되고 만다. 결혼식 당일에 미처 받지 못한 선물이지 옛날부터 쌓아놓고 있던 물건을 수령하지 못한 게 아니기 때문이다.

흔히 '기존'과 혼동하여 쓰는 말로 '기왕'이 있다. '기왕'은 '旣往'이라고 쓰는데 '往'은 '갈 왕, 지날 왕'이라고 훈독한다. 따라서 기왕은 "이미 지나간 이전"이라는 뜻이다. 기왕불구(旣往不咎 구:허물 구)! '이미 지나간 것은 탓하지 말자'는 뜻이다. 기왕에 기존이라는 말을 잘 못 사용한 예는 잊고 오늘부터 바르게 사용하도록 하자.

참고參考와 참조參照

2017-12-06

관공서로부터 받은 통지서나 금융상품 혹은 여행상품을 홍보하는 자료를 살피다 보면 "자세한 사항은 첨부한 자료를 참조하기 바랍니다."라는 말을 적잖이 보게 된다. 그런가 하면, "참고자료를 꼼꼼히 살펴보시기 바랍니다."라는 투의 말도 주변에서 흔히 보고 또 사용하는 말이다. '참조'와 '참고'는 어떻게 다를까?

'참고'는 '參考'라고 쓰고 '참조'는 '參照'라고 쓴다. '參'은 순우리말로 풀이하기가 쉽지 않은 글자라서 주로 사용하는 용례를 훈으로 삼아 '참여할 참'이라고 훈독하는 글자인데 뭔가 서로 관계를 짓는다는 뜻으로 사용하는 글자이다. '考'는 일반적으로 '상고할 고'라고 훈독하지만 그것을 다시 풀어 훈독하자면 '곰곰이 생각할 고'라고 할 수 있다. '照'는 '비출 조' 혹은 '비칠 조'라고 훈독하는 글자인데 원래는 빛이 비치는 것을 뜻하는 글자이지만 나중에는 두 가지 이상을 마주 놓고 비쳐 본다는 의미 즉 '대조(對照)'라는 뜻으로 의미가 확대 되었다.

그러므로 참고는 이런 저런 것들 사이의 관계를 잘 살펴서 곰곰이 생각해 본다는 뜻이거나 혹은 그렇게 생각하는 재료로 삼는다는 뜻이다. 이에 대해 참조는 잘 살펴서 대조해 보라는 의미이다.

참조는 논문에 주를 달 때도 많이 사용하는 용어인데 남이 쓴 글을 직접 인용하지 않고, 그 글의 일정 분량(○○쪽~○○쪽까지)을 스스로 요약하여 요지를 제시했을 경우에 그 요지의 끝부분에 "김병기, 《북경인가 베이징인가》, 어문학사, 2016, 35~52쪽 참조"라는 식으로 주를 붙인다. 즉 자신이 김병기의 저서 《북경인가 베이징인가》의 35~52쪽을 요약하여 그 요지를 몇 마디 말로 제시하니 그 요약이 제대로 된 요약인지 원문과 대조해 보라는 뜻인 것이다. 그냥 꼼꼼히 살펴보라고 할 때는 '참고'를 써야 하고, 다른 것과 대조를 해야 할 필요가 있을 때는 '참조'라는 말을 사용하는 것이 옳다.

호胡떡과 호胡주머니

2017-12-07

　날씨가 춥다. 호주머니에 손을 넣고 종종걸음을 걷는 사람이 많다. 포장마차 호떡집에서 뜨거운 호떡을 호호 불어가며 먹는 사람의 모습이 왠지 더 정겨운 풍경으로 다가온다. 아내의 손을 잡아 자신의 코트 호주머니에 넣고서 나란히 걷는 부부의 모습이 아름답다. 겨울은 뜨거운 호떡이 군침을 돌게 하고 따뜻한 호주머니가 포근한 정을 느끼게 하는 계절이다. 그런데 왜 '호'떡이고 '호'주머니일까?

　호떡과 호주머니의 '호'는 '胡'자를 쓰는데 '胡'는 흔히 '되 호'라고 훈독하는 글자로서 이때의 '되'는 원래 '한 되, 두 되' 분량을 헤아리는 데 쓰는 그릇 또는 부피를 나타내는 단위라는 뜻이지만 '胡'를 이런 의미의 '되'로 사용하는 경우는 많지 않고 대개 '升(되 승)'을 사용한다. '되 호'라고 훈독할 때의 '되'는 부피를 재는 단위보다는 오랑캐 즉 '되놈'이라고 할 때의 '되'의 의미가 더 많다.

따라서, 한자 '胡'는 주로 '오랑캐'라는 의미로 사용하는 글자이다. 우리나라에서는 대개 만주에 거주하던 이족들을 칭하는 글자였고, 중국에서는 한족 이외에 중국의 변방에 살던 이민족들을 통칭하는 글자였다. 청나라 때에 이르러 만주족이 중국의 주인이 되자 이때부터 우리는 중국을 낮춰 부를 때 '胡'를 사용하였는데 나중에는 '중국에서 들어온' 물건을 칭할 때 붙이는 접두사로 사용하게 되었다. 호떡과 호주머니는 바로 '중국에서 들어온' 떡이요, 주머니라는 뜻이다.

호주머니가 달린 옷을 입기 전에 우리나라에서는 주머니를 따로 만들어 허리에 차고 다녔다. 중국식 옷과 서양 옷이 들어오면서 옷의 일정한 곳에 헝겊을 덧대어 돈이나 소지품 따위를 넣도록 했는데 그것이 바로 호주머니인 것이다. 호떡은 설탕을 소로 사용하는 중국식 떡이다. 호떡은 함께 먹을 때 더 따뜻하고 호주머니도 남의 호주머니 사정을 생각해 줄 때 더욱 따듯해진다. 이웃과 함께 하는 따뜻한 연말이기를 바란다.

방콕과 호떡

2017-12-11

세상에는 우연이 계기가 되어 새로운 말들이 생겨나는 경우가 많다. 흔히 '은어(隱語)'나 '속어(俗語)'는 더더욱 예기치 않은 우연이 계기가 되어 생겨난다. 은어는 어떤 계층이나 부류의 사람들이 다른 사람들이 알아듣지 못하도록 자기네 구성원들끼리만 사용하는 말이고, 속어는 통속적으로 쓰는 저속한 말이다. 그런데 언제부터인가 우리사회에는 '유행어'라는 말이 생겨났다. 사전적 의미의 은어도 속어도 아닌데 어쨌든 사회에 통용되면서 너나없이 사용하는 말을 일러 유행어라고 부른다.

벌써 10년도 넘은 것 같다. 우리 사회에는 일종의 문자유희인 '방콕'이란 말이 유행했다. "금년 휴가는 어디로 가나?" "방콕에나 다녀와야겠어." "그래? 해외로 나가는구나. 좋겠다!" "아냐, 방에 콕 처박혀 지내겠다는 뜻이야." 방콕, 지금 듣자면 참 썰렁한 개그이지만 당시에는 크게 유행한 속어였다. 그런데, 요즈음에는 이 '방콕'이 외부 출입을 꺼려 제 방에만 콕 처박혀 있음으로써 거의 폐인의 지경에 이르는 사람을 칭할 때 사용된다고 한다. 그런가 하면 방콕보다 더 심한 상태를 이르는 말이 '호떡'이라고 한다. 왜일까?

잘 알다시피 호떡은 설탕을 소로 사용하는 중국식 떡으로서 번철이나 프라이팬 위에 놓고 지지면서 한 번씩 뒤집어 주며 구워 만든다. 한 번씩 뒤집어주지 않으면 타버려서 먹을 수가 없다. 폐인처럼 방에만 콕 처박혀 지내는 사람은 주변의 지인들이 가끔 찾아가서 마치 호떡을 한 번씩 뒤집으며 굽듯이 그 사람의 정신을 한 번씩 뒤집어줌으로써 의식을 환기시켜야 한다는 뜻에서 이런 사람을 '호떡'이라고 칭한다고 한다.

우리 주변에는 마음의 상처를 안고 힘들게 사는 사람이 적지 않다. '방콕'도 '호떡'도 그냥 흘려들을 말이 아니다. 그들이 밝게 살 수 있도록 이웃이 서로 도와야 할 것이다. 내 이웃이 밝을 때 나도 밝을 수 있기 때문에 하는 말이다.

봉변逢變과 세례洗禮

2017-12-12

　행사장에서 박지원 의원이 안철수 당대표 지지자로 부터 달걀을 맞은 사건을 두고 어떤 언론은 '달걀 봉변'이라고 보도하고 어떤 언론은 '달걀세례'라고 보도했다. 그런가 하면 또 어떤 언론은 '계란 봉변' 혹은 '계란 세례'라고 보도했다.

　계란(鷄卵)은 달걀의 한자어이다. 달걀은 '닭의 알' 즉 '닭알'이 '달+ㄱ+알'의 분화를 통해 생긴 말이다. 그런데 계란은 사실 잘못된 말이다. '알 란'이라고 훈독하는 '卵'은 '배란', '수정란' 등에서처럼 껍데기가 없는 알을 뜻한다. 껍데기가 있는 조류의 알은 '알 단' 즉 '蛋'을 써야 맞다. 달걀도 껍데기가 있으므로 계란(鷄卵)이 아니라 계단(鷄蛋)이라고 써야 맞다. 달걀부침을 채 썰어 놓은 것을 흔히 '지단'이라고 부르는데 이것은 '계단(鷄蛋)'의 중국어 발음이다.

봉변은 '逢變'이라고 쓰며 각 글자는 '만날 봉', '변고 변'이라고 훈독한다. 그러므로 '봉변'은 뜻밖의 변고나 망신스러운 일을 당하는 것을 이르는 말이다. 세례는 '洗禮'라고 쓰며 각 글자는 '씻을 세', '예절(의식) 예'라고 훈독한다. 물로 씻는 의식이 세례인 것이다. 기독교에 입교하는 사람에게 모든 죄악을 씻는다는 표시로 머리에 물을 붓거나 몇 방울의 물을 떨어뜨리는 의식을 말한다. 특히 침례교회에서는 온몸을 물에 잠그는 형식을 취한다. 그래서 '담글 침(浸)'을 써서 침례(浸禮)라고 한다.

달걀 세례는 사람의 몸에 달걀을 던져 깨뜨림으로써 그 사람에게 봉변을 주는 행위를 기독교의 세례에 빗대 비아냥거리는 말이다. 일부 호사(豪奢:호화롭게 사치함)하는 사람들이 피부 마사지용으로 사용하는 외에 달걀로 몸을 씻는 사람은 없다. 말인즉 세례라고 하지만 몸에 던진 달걀은 금세 끈적거리는 오물로 변하여 추한 모습을 보인다. 달걀 세례, 누구라도 자행하는 사람도 없어야겠지만 받을 짓을 안 하는 것이 더욱 필요할 것이다.

간여干與와 관여關與

2017-12-13

    혼자서 밥을 먹고 술도 혼자서 마시는 이른바 '혼밥족', '혼술족'이 늘어나면서 자신이 남과 관련 지워지는 일을 가능한 한 피하려는 풍조가 사회에 퍼지고 있다. 그다지 좋은 풍조는 아닌 것 같은데 세상은 이미 그렇게 돌아가고 있으니 어쩔 수 없는 일로 여기고, 나 또한 세상에 맞춰 남의 일에 간여하지 말고 내가 관여하는 일만 하며 살아가야 하는가? 아니면 나라도 나서서 서로 따뜻한 눈빛을 교환하고 마음을 나누며 정겹게 살아가는 이웃이 되자고 말하면서 남의 일에 적잖이 간여하게 되더라도 그런 일을 내가 관여해야 할 일로 여기며 살아가야 할 것인가?

    간여와 관여는 같은 말 같지만 차이가 적지 않다. 간여는 '干與'라고 쓰며 각 글자는 '일할 간', '참여할 여'라고 훈독한다. '干'은 일반적으로 '방패 간'이라고 훈독하는 글자인데 '幹(줄기 간)'과 발음이 같음으로 인하여 같은 의미로 사용하곤 한다. 그런데 '幹'은 줄기나 기둥 등에서 뜻이 확대되어 주요한 일을 하는 사람 즉 간부(幹部)의 의미도 갖게 되었는데 나중에는 뜻이 더 확대되어 '일을 하다(Do)'의 의미도 갖게 되었다.

그러므로 干與는 직역하자면 '일을 하여 참여함'인데, 대부분 본래는 자기 일이 아닌 남의 일에 끼어들어 참여하는 것을 뜻한다. 즉 간섭의 의미가 강한 단어인 것이다.

관여는 '關與'라고 쓰며 '關'은 본래 문의 개폐를 관계하는 빗장을 뜻하는 글자였지만 뜻이 확대되어 '관계' 혹은 '관계하다'는 의미를 갖게 되었다. 그러므로 '關與'는 내가 직접 관계를 갖고 주도적으로 참여하는 것을 뜻하는 단어이다. 간여는 더러 기분이 좋게 받아들일 수도 있지만 적잖이 상대를 기분 나쁘게 할 수도 있다. 그러므로 가능한 한 삼가는 게 좋다. 그러나 내가 관여하는 일은 열심히 하면 할수록, 잘하면 잘 할수록 좋다. 보다 더 적극적이고 치밀하게 관여해야 할 것이다.

어색語塞하다와 겸연慊然쩍다

2017-12-14

　말과 행동을 '자연스럽게' 할 수 있다는 것은 '자유롭게' 할 수 있는 것 못지않게 중요하고 또 필요하다. 자유롭지 못하도록 누군가가 통제하는 것도 아닌데 처한 상황을 스스로 껄끄럽게 느낌으로써 말이나 행동을 자연스럽게 하지 못하는 상황을 흔히 '어색하다'고 표현한다. 잘 모르는 사이이거나 별로 만나고 싶지 않았던 사람과 마주 대하여 자연스럽지 못할 때도 어색하다고 하고, 대답하는 말이 경위에 맞지 않아 궁색할 때에도, 또 말이나 행동이 격식이나 규범에 맞지 않아 부자연스러울 때도 어색하다고 한다.

　어색은 한자로 '語塞'이라고 쓰며 각 글자는 '말씀 어', '막힐 색'이라고 훈독한다. 본래는 말이 막히는 상태를 어색하다고 한 것이었는데 그 뜻이 확대되어 말뿐 아니라 행동이 막혀 부자연스러울 때도 어색하다는 표현을 하게 된 것이다.

'어색하다'와 비슷한 말로 '겸연쩍다'는 말이 있다. 내가 한 말이나 행동이 쑥스럽거나 미안할 때 '겸연쩍다'고 한다. 겸연은 '慊然'이라고 쓰며 각 글자는 '찐덥지 않을 겸', '그러할 연'이라고 훈독하는데 '찐덥지 않은'은 '마음에 차지 않는'이라는 뜻이다. '然'은 '그러하다'는 뜻을 가진 글자인데 동사 혹은 명사의 뒤에 붙어서 그 동사나 명사를 형용사나 부사로 바꿔주는 역할을 한다. 자연(自然), 의연(依然), 홀연(忽然) 등이 그러한 예이다. 따라서 慊然은 '찐덥지 않은' 즉 '마음에 차지 않는 부분이 있는'이라는 뜻이다. '-쩍다'는 '그런 분위기를 느끼게 하는 데가 있다'는 뜻을 더하면서 형용사를 만드는 역할을 하는 접미사이다.

어색함도 겸연쩍음도 다 떳떳하지 못하거나 자연스럽지 못한 상황에서 느끼는 감정이다. 남으로 인해 그런 상황을 맞기도 하지만 대개는 내가 잘못하여 그런 상황에 부딪치는 경우가 많다. 평소 자신이 한 말과 행동으로 인하여 어색함과 겸연쩍음을 느끼지 않도록 조심해야 할 것이다. 특히 술자리가 많은 연말에는.

참견參見과 참관參觀

2017-12-20

영어에서 '보다'는 의미를 가진 두 단어인 'see'와 'look'의 용도가 많이 다르듯이 한자도 '보다'는 의미를 가진 글자가 적지 않은데 그 용도가 다 조금씩 다르다. '볼 간(看)'은 눈(目) 위에 손(手)이 붙은 글자이니 뭔가를 보다 더 자세히 보기 위해 이마에 손을 얹고 본다는 뜻으로서 영어의 'Look'과 비슷한 의미이고, '볼 견(見)'은 '눈(目)'과 '사람(儿=人)'이 합쳐진 글자로서 일부러 보려고 하지 않아도 앞에 나타나 보이는 상황을 뜻하는 글자로서 영어의 'see'와 비슷한 의미이다.

그러므로 '見'은 '나타날 현'이라고 훈독하는 '現'과 같은 의미로 사용하기도 한다. '觀'은 '雚(황새 관)'에서 음과 함께 일부분의 뜻도 따오고, 또 '見'에서 주요한 뜻을 따온 글자로서 새가 하늘을 날면서도 땅위의 먹잇감을 정확히 찾아내듯이 멀리 넓게 보면서도 자세히 본다는 의미를 가진 글자이다. 바라볼 망(望)은 원래 발꿈치를 들고서 바라보는 모양을 그린 것으로서 보이지 않는 것을 애써 보려고 한다는 뜻이다. 전망(展望), 희망(希望) 등의 '望'이 바로 그런 의미이다.

사물이나 사태를 바라볼 때는 당연히 자신의 생각을 동반하게 되므로 '보다'라는 말에는 자연스럽게 '생각하다'는 의미가 덧붙게 되었다. 견해(見解), 관점(觀點) 등이 다 '생각'이라는 의미를 담고 있는 말이다. 여기서 '참견(參見)'이라는 말과 '참관(參觀)'이라는 말의 차이가 생기게 되었다. 參見은 참가하여(끼어들어) 자신의 눈에 나타나 보이는 대로 견해를 표하는 것을 의미하는 단어이고, 參觀은 하늘을 나는 황새가 땅을 내려다보며 먹잇감을 찾듯이 어떤 상황에 참가하여 그 상황을 널리 보면서(참고하면서) 또 자세히 살피는 것을 뜻하는 단어이다.

쓸데없이 남의 일에 참견하는 일은 가능한 한 삼가야지만 참관을 하려거든 가능한 한 두루 살피고 자세히 보아야 할 것이다.

중요重要와 주요主要

2017-12-21

행사를 치르는 법식인 의식(儀式) 중에서도 손님맞이 '의전(儀典)'이 가장 어렵다고 한다. 내빈이 도착하면 누가 어디까지 나가서 영접하며, 앉는 자리는 어떤 순서로 배열하고, 축사는 어떠어떠한 분들께 요청할 것인지 등을 정하는 문제 때문에 오히려 행사의 본질은 뒷전으로 밀리고 '의전'문제에 매달려야 했던 시절이 있다.

내빈으로 참석한 사람의 입에서 "내 자리가 왜 거기여야 하느냐?", "영접이 소홀했다"는 말이 한마디만 나오면 행사의 주최 측은 그 내빈의 소속기관으로부터 항의를 받기 일쑤였고, 심지어는 행사의 내용이 아무리 좋았다 하더라도 의도적인 폄하를 당하기도 했다. '권위주의'가 팽만했던 지난 시절에 흔히 있었던 일이다. 물론, 아직도 이런 권위주의를 청산하지 못하고 거드름을 빼는 상관도 있고, 그런 상관의 비위를 맞추느라 정작 처리해야 할 중요한 업무는 도외시한 채, 상관 모시기를 주요 업무로 여기는 사람이 있다. 중요 업무를 주요 업무로 여기지 않고 오히려 하찮은 일을 주요 업무로 여기는 넋이 나간 사람들이 여전히 존재하고 있는 것이다.

중요와 주요는 각각 '重要'와 '主要'라고 쓰고 '重'은 '소중할 중', '要'는 '긴요할 요'라고 훈독하며 '主'는 '주인 주'라고 훈독한다. 따라서 중요한 일은 '소중하고 긴요한 일'을 뜻하고, 주요한 일은 '주로 해야 할 일'을 뜻한다. 중요한 일을 주요 업무로 다뤄야 함은 당연하지만 주요 업무로 여긴다고 해서 다 중요한 일은 아니다. 중요한 일을 주요 업무로 다루지 않고 중요하지 않은 일을 주요 업무로 여겨 매달리는 것은 사심에 따른 엉뚱한 의도가 있기 때문이다.

외교에서 의전은 중요하고 또 주요한 일이다. 그러나 의전이 진정한 소통보다 우선하지는 않을 것이다. 소통을 중요 업무이자 주요 업무로 여겨 성실히 수행했고 의전에도 결코 홀대가 없었던 외교에 대해 불필요한 문제를 제기하는 것을 주요 업무로 삼는 일은 없어야 할 것이다.

경기競技 시합試合 비새比賽
2017-12-27

    신태용 감독이 이끄는 국가대표 축구팀이 일본을 크게 이기면서 우리 축구에 대한 국민들의 기대가 한층 더 높아졌다. 러시아 월드컵에서도 2002년 서울 월드컵 때 못지않은 성적을 거두기를 기대하고 또 빈다. 그런데 축구 경기를 말하는 국민들의 표현이 두 가지이다. 혹자는 '경기'라고 하고 혹자는 '시합'이라고 한다. 경기와 시합은 어떻게 다를까?

    경기는 '競技'라고 쓰며 각 글자는 '다툴(겨룰) 경', '재주 기'라고 훈독한다. 글자대로 풀이하자면 '재주 겨루기'라는 뜻이다. 그러므로 국어사전은 경기를 "일정한 규칙 아래 기량과 기술을 겨룸"이라고 풀이하고 있다. 스포츠뿐 아니라, 어느 분야에서라도 정해진 규칙 아래 서로 기량과 기술을 겨루는 일은 다 경기라고 할 수 있는 것이다. '기능 올림픽'에서 치르는 '경기'가 그

대표적인 예이다.

시합은 '試合'이라고 쓰며 각 글자는 '시험할 시', '합할 합'이라고 훈독하는데 '合'은 두 가지 이상의 물건이 서로 맞닿아 하나가 되는 순간을 나타내는 글자이므로 맞닿는 횟수를 세는 단위로 사용되기도 한다. 즉 '合'은 칼이나 창으로 싸울 때 칼이나 창이 서로 맞부딪치는 횟수를 세는 단위성 의존명사이기도 한 것이다.

그러므로 '試合'은 직역하자면 '칼싸움 시험'인 셈이다. 사무라이(侍-武士)들의 '검술 겨루기'로부터 유래한 일본말인 것이다. 중국에서는 '비새(比賽:비싸이)'라는 말을 사용한다. '比'는 '견줄 비'이고 '賽'는 '굿할 새'라고 훈독하는 글자로서 무속의 종교제의인 '굿'을 뜻하는 글자이다. '굿판'에서는 공동체 단위로 기량을 겨루는 일이 벌어지곤 하였는데 중국어에서는 스포츠를 일종의 굿으로 보고 比賽라는 용어를 사용하고 있는 것이다. 같은 한자를 사용하면서 한, 중, 일의 용어가 이처럼 다른 예도 많지 않을 것이다. 우리는 우리가 만든 용어인 '경기'라는 말을 사용하는 것이 옳을 것이다.

흐지부지諱之秘之**와 어영부영**御營非營

2017-12-28

"적폐수사를 연내에 마무리하도록 최선을 다하겠다."고 한 검찰총장의 발언이 적폐를 덮어둔 채 흐지부지하거나 어영부영 끝내려는 게 아니냐는 오해를 불러일으킨 적이 있다. 수사에 속도를 내겠다는 의미로 한 말이라는 점이 밝혀지면서 오해는 불식되었지만 한때 적잖은 파장을 일으켰었다.

일의 옳고 그름을 분명히 가리지 않고 대충 넘어가거나 크게 시작한 일을 하는 둥 마는 둥 끝낼 때 '흐지부지'했다는 표현을 한다. 순우리말 같지만 사실은 '휘지비지(諱之秘之)'가 변한 말이다. '휘(諱)'는 '꺼릴 휘', '비(秘)'는 '숨길 비'라고 훈독하며 '之'는 흔히 '갈(go) 지'라고 훈독하는 글자이지만 여기서는 앞의 글자인 '諱'나 '秘'가 동사 역할을 하도록 돕는 작용을 한다. 그러므로 '휘지비지(諱之秘之)'는 '꺼리고 또 숨긴다.'는 뜻이다.

즉 사람들의 입에 자꾸 오르내리는 것을 꺼려서 드러나지 않도록 숨긴다는 의미인 것이다. 이런 의미의 '휘지비지'가 발음이 와전되어 '흐지부지'가 되었다.

어영부영이란 말은 조선 시대 군영(軍營)인 어영청(御營廳)에서 나온 말이다. 어영청은 원래 기강이 엄격한 정예부대였는데 조선 말기가 되면서 군기가 해이할 대로 해이해져서 형편없는 군대가 되고 말았다. 이런 군대를 본 사람들은 "어영청은 군대도 아니다"는 뜻에서 '아닐 비(非)'자를 써서 "어영비영(御營非營)"이라고 비아냥거렸는데 이것의 발음이 와전되어 '어영부영'이 된 것이다.

흐지부지하거나 어영부영하는 일은 없어야 한다. 29명의 생명을 앗아간 큰 화재가 있었다. 원인조사를 흐지부지해서도 안 되고 규명된 원인에 대한 처리를 어영부영해서도 안 된다. 시비를 분명히 가려 끝까지 마무리를 잘해야 비극이 재발하지 않는다. 연말이다. 개인도 사회도 국가도 한 해를 돌아보며 반성하고 청산해야 할 일을 흐지부지 어영부영 넘기지 않도록 다시 한 번 마음을 다잡도록 하자.

만사여의

萬事如意

—

2018-01-02

새해가 밝았다. 사람마다 다 건강한 가운데 하는 일 모두 뜻대로 이루어 누구 하나 고통에 시달리거나 슬픈 일이 없이 다 같이 행복하게 사는 한 해가 되기를 빈다.

만사여의(萬事如意)! '만사가 뜻과 같기를!'이라는 의미이다. '일만 만', '일 사', '같을 여', '뜻 의'로 이루어진 4자성어이다. 여기서의 '萬'은 꼭 '10,000'이라는 숫자를 말하는 게 아니라, '모든'이라는 뜻이다. '萬事如意'라는 말은 우리도 사용하지만 특히 중국인들은 새해 아침이면 너 나 할 것 없이 만나는 사람을 향해 "新年快樂, 萬事如意〔신녠콰이러 완쓰루이〕"라는 인사를 한다. 새해에는 즐거운 가운데 모든 일을 뜻대로 다 이루라는 의미를 담은 축하 인사말이다. 新年快樂은 각각 '새로울 신', '해 년', '즐거울 쾌', '즐거울 락'이라고 훈독한다.

지금은 이처럼 '如意'라는 말을 '뜻과 같이', '뜻한 바대로'라는 의미로 사용하고 있지만 원래의 如意는 물건의 명칭이었다. 등을 긁는 데에 사용하는 물건 즉 오늘날 속칭 '효자수(孝子手)'라고 불리는 물건을 중국에서는 예로부터 '如意'라고 불러왔다. 이 물건을 이용하면 긁기 어려운 등도 '여의(如意)하게' 긁을 수 있었으므로 '如意'라는 이름이 붙게 된 것이다.

중국의 위진 시대에 청담을 즐기던 은사(隱士)들은 손에 꼭 이 여의를 쥐고 다녔는데 이 여의는 이야기를 하는 사람의 뜻을 대변하곤 하였다. 왜냐하면 화자(話者)의 뜻이 격앙되면 손에 든 여의도 화자의 삿대질을 따라 격하게 움직이고 화자의 심기가 차분하면 여의도 조용하게 움직였기 때문이다. 물건 '如意'가 이처럼 화자의 뜻을 '如意'하게 반영하였기에 이후로도 계속 '여의'라고 불리게 되었다. 가려운 등을 시원하게 긁는 것도 대단히 통쾌한 일이다. 새해엔 정치도 사회도 국민 개개인도 어느 곳 하나 가려운 데가 없이 통쾌한 소통이 이루어지기를 바란다.

가능한, 가능한 한

2018-01-03

새해가 시작될 때면 누구라도 새 희망을 갖는다. 열심히 노력하는 나에게 결코 불가능은 있을 수 없다면서 용기를 내고 정열을 불태운다. 희망은 이처럼 사람을 활기차게 하는 힘을 갖고 있다. 모든 것이 다 가능할 것이라고 여기는 긍정적 에너지가 바로 희망인 것이다. 이처럼 희망에 부풀수록 가늠을 잘 해야 한다.

모든 게 다 가능할 것이라는 희망을 갖는 것은 좋지만, 사실 우리 생활에서 모든 게 다 가능하지는 않다는 사실도 직시해야 한다. 가능한 일과 가능하지 않은 일을 잘 가늠하여 실현이 가능한 일을 택해 가능한 한 최대한의 노력을 기울이는 것이 성공으로 가는 길이다. 이런 성공을 거두기 위해서는 '가능한'이라는 말과 '가능한 한'이라는 말 사이의 차이부터 명확히 알아야 할 것이다,

'가능'은 '可能'이라고 쓰며 각 글자는 '가할 가', '능할 능'이라고 훈독한다. 할 수 있는 일이 곧 '가능한 일'이다. 이에 대해 '한계 한(限)'자가 한 글자 더 붙는 '가능한 한'이란 말은 '가능한 한계 내에서'라는 뜻이다. "가능한 모든 방법을 다 찾아서 일을 해결하도록 하겠다."는 말은 일의 해결을 가능하게 하는 모든 방법 즉 객관적 가능성이 있는 방법이란 방법은 다 활용하여 일을 해결하겠다는 뜻이다. 이에 대해 "가능한 한 일을 해결하도록 노력하겠다."는 말은 일을 해결할 수도 있고 해결하지 않을 수도 있는데 내가 할 수 있는 역량과 의지를 가능한 한도 내에서 다 발휘하여 일을 해결하도록 노력하겠다는 뜻이다. '가능한 방법'은 객관적으로 타당한 방법을 말하고, '가능한 한 노력'은 주관적 의지와 선택의 표현인 것이다.

새해의 희망을 실현하기 위해서는 먼저 가능한 일인지 아닌지를 신중하게 판단한 다음, 가능한 일을 택하여 가능한 한 최대한의 노력을 기울여야 한다. 불가능한 일에 힘을 쏟는 것은 무모이고, 가능한 일에 힘을 쏟지 않는 것은 게으름이다.

고주망태

—

2018-01-09

음주문화가 많이 바뀌어 요즘엔 술을 과하게 마시는 사람이 많지 않다. 그럼에도 지난 연말에 어쩌다보니 고주망태가 되도록 술을 마심으로써 배우자한테 혼나고 다음 날 종일 술병을 끙끙 앓으면서 "이놈의 술, 다시는 안 마실 거다!"고 금주를 결심하신 분도 있을 것이다.

그런데 시간이 흘러 새해도 며칠 지난 지금, 슬슬 다시 술 생각이 나신다면 다시 한 번 절주(節酒)를 다짐하시기를 바란다. 이 다짐은 필자에게도 필요하다. 지난해 12월 29일, 서울에서 윤 감독, 지 교수 등과 술자리를 함께 했는데 나만 고주망태가 되어 심야버스를 타고 전주에 내려온 일이 있기 때문이다.

고주망태는 "술을 많이 마시어 정신을 차릴 수 없이 취한 상태"를 이르는 말이다. '고주'는 원래 '고지'라고

224

하는 물건인데 메주나 누룩을 만들 때 사용하는 네모난
틀이다. 위아래가 다 터진 이 네모 틀에 콩을 삶아 으깬
메주나 통밀을 빻아 비빈 누룩을 담은 헝겊포대를 넣고
발로 밟아 네모 틀에 맞는 모양으로 빚어낸다. 그런데
이 '고지' 즉 '고주'는 술을 거르거나 짜는 데에도 사용
하여 한자로는 '주자(酒榨: 醡주자틀 자)'라고 한다. 술을 거
르거나 짜기 위해서는 이 고주에 새끼나 노로 엮어 만
든 그릇인 망태기를 올려놓았는데 이것이 바로 '고주망
태기(고주+망태기)'이고 나중에 '기'가 소실되어 '고주망
태'라는 말로 남게 되었다. 술을 거르거나 짜는 틀이자
망태기인 고주망태는 하루도 빠질 날이 없이 술에 절어
있어야 한다. 그래서 나중에는 뜻이 확장되어 "술에 절
어서 정신을 차릴 수 없이 취한 상태인 사람"도 고주망
태라고 부르게 되었다.

술은 잘 마시면 더 없이 좋은 음식이지만 과음을 하
면 자칫 패가망신하고 건강도 해칠 수 있다. 술을 '벌성
광약(伐性狂藥:맑은 본성을 해쳐서 미치게 만드는 약)'이라고 하
시면서 내게 절주를 당부하셨던 선친 생각에 가슴이 찡
하다.

상감청자
象嵌青瓷
-
2018-01-17

　고려 상감청자는 우리나라를 대표하는 문화유산이다. 청자(青瓷)의 뜻을 모르는 사람은 없을 테지만 상감에 대해서 아는 사람은 결코 많지 않은 것 같다. 주변의 학생들로부터 바른 답을 들은 경우가 거의 없다.

　상감은 '象嵌'이라고 쓰며 각 글자는 '코끼리 상', '산골짜기 감'이라고 훈독한다. 그런데, 象은 자주 '像(형상 상)'과 통가하는 글자이므로 여기서는 '형상'이라는 의미로 쓰였다. '嵌'은 깊은 산골짜기를 나타내는 글자인데 깊은 산골짜기는 마치 동굴 속 같으므로 나중에는 동굴, 구멍이라는 뜻으로도 사용하게 되었으며 여기서 더 진화하여 구멍 혹은 어떤 틈 안에 뭔가를 새겨 넣거나 박아 넣는 행위를 뜻하는 글자로 사용하게 되었다. 장식무늬 따위를 박아 넣는다는 의미의 '감입(嵌入)'이라는 말이 바로 그런 경우이다.

따라서 상감청자는 어떤 형상 즉 무늬를 감입하여 장식한 푸른 색 자기라는 뜻이다. 상감을 '相嵌' 혹은 '廂嵌'으로 쓴 경우도 있는데 이는 '相(서로상,형상상)'이 像과 흔하게 통가하는 글자이기 때문이며, '廂(행랑상)' 또한 '像'과 발음이 같기 때문에 통가한 글자이다. 순우리말로는 '꽂을땜', '봉박이' 등으로 표현한다고 하나 '봉박이'의 '봉' 또한 한자 '棒(막대기봉)'이 아닌가 한다.

象嵌이나 像嵌이라는 말은 조선 정조 시대 무렵에야 사용하기 시작한 것으로 보인다. 정조 이전의 문헌 중에는 세종실록에 '廂嵌'이라는 용어가 한 번 보이는 외에 다른 용례가 없기 때문이다. 중국에서는 전통적으로 '양감(鑲嵌 鑲:거푸집 속 양)'이라는 용어를 사용해 왔다. 鑲을 오늘날 한국에서는 '양'으로 읽지만 중국어 발음은 象, 像, 相, 廂, 鑲 모두 모두 [샹:xiang]이다. 세종 때 사용한 '廂'은 중국의 '鑲'에 대한 가차로 보인다. 오늘날 우리가 사용하고 있는 象嵌은 아무래도 일본으로부터 들어온 말인 것 같다.

청자상감운학문매병

靑瓷象嵌雲鶴紋梅瓶

-

2018-01-18

　　박물관에 진열된 고려청자나 조선백자에 붙어 있는 이름을 보면 적잖이 복잡하다. 나름대로 질서가 있는 이름인데 사람들이 한자를 모르는 채 한글로 적힌 발음만 읽다보니 그게 무슨 뜻인지를 알지 못하는 경우가 많다. 예를 들자면 '청자상감운학문매병', '백자청화운용문호'등이 바로 그런 이름이다.

　　'청자상감운학문매병'은 '靑瓷象嵌雲鶴紋梅瓶'이라고 쓰며 각 글자는 '푸를 청', '사기그릇 자', '형상 상', '무늬 박을 감', '구름 운', '학 학', '무늬 문'. '매화 매', '병 병'이라고 훈독한다. '푸른 사기그릇에 구름과 학의 무늬를 상감기법으로 박아 넣은 매병'이라는 뜻이다. 그리고 백자청화운용문호는 '白瓷靑華雲龍紋壺'라고 쓰는데 '華'는 '빛날 화', '龍'은 '용 용' '壺'는 '병 호'라고 훈독한다. '흰색 사기그릇에 푸른 색 코발트 물감으로 구름과 용의 무늬를 그린 병'이라는 뜻이다.

이런 이름을 붙인 데에는 나름대로 순서가 있다. 먼저 청자인지 백자인지를 밝혀 '자기의 종류'를 쓰고, 다음으로 청화, 상감 등 무늬를 표현한 방법을 쓴다. 이어서 꽃, 학, 구름 등 무늬의 종류를 쓰고, 마지막으로 병(瓶)인지 호(壺)인지 그릇의 모양을 표기한다. 즉 자기의 종류+무늬 표현 방법+무늬의 종류+그릇의 모양 순으로 이름을 붙이는 것이다. 靑瓷象嵌雲鶴紋梅瓶을 예로 들어 다시 설명하자면, 靑瓷는 자기의 종류이고, 象嵌은 무늬를 표현한 방법이며, 雲鶴紋은 무늬의 종류이고, 梅瓶은 그릇의 모양인 것이다.

이런 순서의 이름은 한·중·일 3국이 다 그렇게 통일하여 사용하고 있다. 이름이 좀 복잡하기는 해도 이름을 통해 자기에 관한 기본정보를 알 수 있으니 오히려 편리하다는 생각이 든다. 한글로 풀어서 이름을 붙인다면 '푸른 사기그릇에 구름과 학의 무늬를 상감이라는 기법으로 박아 넣은 매화꽃을 꽂을 수 있는 병'이 될 텐데 이름치고는 너무 장황하다.

비색

翡色

–

2018-01-19

'고려청자'라는 말을 글자대로 풀이하자면 '고려시대에 제작한 푸른 사기 그릇'이다. 그런데 고려청자의 색깔을 거론할 때는 '푸른색'이라는 말 대신 으레 '비색(翡色)'이라는 말을 사용한다. '비색(翡色)'이란 과연 어떤 색일까?

'翡'는 '물총새 비' 혹은 '비취 비'라고 훈독하는 글자이다. 날개 혹은 날개가 있는 새를 통칭하는 글자인 '羽(깃털 우)'에서 뜻을 따고 '非(아닐 비)'에서 발음을 따서 두 글자의 결합으로 이루어진 글자이다. 물총새의 등 깃털 색은 오묘한 푸른빛이다. 아름답다. 옥 가운데도 그와 흡사한 색을 띤 것이 있다. 바로 비취이다. 그래서 '翡'는 '비취 비'라고도 훈독한다. 고려청자가 비색을 띠고 있다는 말은 바로 물총새의 깃털이나 비취의 색을 띠고 있다는 뜻이다. 매우 아름다운 색이라는 점을 나타내기 위해서 고심 끝에 찾아낸 글자라는 생각이 든다.

고려청자의 색깔을 처음으로 '翡色'이라는 말로 표현한 사람은 서긍(徐兢)이다. 서긍은 중국 송나라의 문신으로 1123년(고려 인종1년)에 사신으로 고려에 들어와 1개월간 머물렀는데 귀국 후, 《선화봉사고려도경(宣和奉使高麗圖經)》40권을 지어 고려의 실정을 송나라에 소개하였다. 서긍이 이 《고려도경》에서 고려청자의 색깔을 처음으로 '翡色'이라고 소개한 것이다. 당시 중국 송나라에도 청자가 흔하게 있었으니 중국의 청자처럼 그냥 청색이라고 했어도 될 텐데 고려청자의 색깔에 얼마나 경도되었으면 특별히 "고려인들은 그 색을 '翡色'이라고 한다."고 전했을까?

그런 청자를 일본이 조선을 병탄한 후 수도 없이 약탈해 갔다. 그 청자를 어떻게 해야 할 것인가? 반환해 올 수 있다면 좋겠지만 그렇기가 쉽지 않다면 일본에 놓아둔 채 우리가 일본보다 훨씬 깊이 연구를 해야 한다. 문화유산은 어디에 있느냐보다 누가 더 깊이 연구했느냐에 따라 더 많이 연구한 사람이 주인 행세를 할 수 있기 때문에 하는 말이다.

천도天道**와 세정**世情

—

2018-01-25

　천도(天道)는 하늘의 도 즉 자연의 이치라는 뜻이고, 세정(世情)은 세상을 사는 사람의 정이라는 뜻이다. 정권을 잡기 위해 아버지 세종에게 충성을 다했던 충신들을 무참히 죽이고 조카인 단종마저도 폐위했다가 결국은 사약을 내려 죽게 한 세조의 비정하고 포악한 행태를 보면서 세상을 등지고 방랑으로 일관한 매월당(梅月堂) 김시습(金時習) 선생은 천도와 세정의 관계를 다음과 같이 표현하였다. "잠깐 개었다가 다시 잠깐 비가 내리고 비가 내리다가 다시 맑게 개네. 하늘의 이치도 이와 같거늘 하물며 사람 사는 세상의 인정에 있어서랴!(乍晴乍雨雨還晴 天道猶然況世情)" 시에 사용된 비교적 어려운 글자는 각각 '잠깐 사(乍)', '갤 청(晴)', '도리어 환(還)', '오히려 유(猶)', '그러할 연(然)', '하물며 황(況)'이라고 훈독한다.

232

김시습 선생은 표면적으로는 하늘도 변덕스러우니
사람이 좀 변덕스러운 것은 당연하다는 듯이 말했다.
그러나, 속뜻은 그게 아니다. 하도 변화가 심한 사람의
교활한 심리를 보면서 안타까운 나머지 '하기야 하늘도
변덕스러운데 뭘' 하면서 체념을 하고 있다. 마치 오늘
날 우리나라의 정치 환경에 대한 묘사인 것 같다.

어제 자신의 이익을 위해 대통령에게 온갖 충성을
다 바치는 양 했던 사람들이 이제 제 살 길을 찾아 전 대
통령과 거리를 유지하려 들고, 어제 서로 이념과 정론
상의 갈등을 빚던 사람들이 한데 뭉쳐 하나의 당이 되
기도 하였다. 참 변덕이 심하다. 대의를 모른 체하며 말
꼬리만 잡는 일이 허다하고 불리하다 싶으면 말 바꾸기
도 참 잘한다. 일관성이 있는 진실보다는 반짝이는 임
기응변이 더 높이 평가받는 분위기이다.

하기야 하늘도 비가 오다 개다를 반복하며 변덕을
부리는걸 뭐. 쯧쯧. 또 다시 "세상 다 그런 거지 뭐"라는
말로 체념 아닌 체념, 포기 아닌 포기를 해야 하는가!
죄를 지은 사람이 죄를 인정하지 않으니 세상이 이처럼
혼란한 것이다.

가부좌

跏趺坐

2018-01-26

책상다리를 하고 앉는 것을 가부좌(跏趺坐)라고 한다. '跏'도 '趺'도 다른 뜻이 없이 '책상다리할 가', '책상다리할 부'라고 훈독한다. 두 글자 다 앉는 자세를 나타내는 전용어로서 부처가 앉은 모양을 표현한 말인 것이다.

굳이 跏와 趺에 대해 사족을 좀 붙이자면 跏에 쓰인 '加'는 '교가(交加)' 즉 '교차하여 덧붙임'의 의미가 있다. 이러한 '加'에 '발 족(足)'을 덧댄 '跏'에는 당연히 발을 교차한다는 뜻이 있다. '夫'는 흔히 '지아비 부'라고 훈독하여 남편이라는 뜻을 나타내지만 '사내' 특히 '노동 하는 남자'라는 의미도 있다. 노동을 하여 가족을 먹여 살리는 게 남편의 주된 역할이기 때문에 '夫'에 그런 의미가 붙게 되었다. 발에서 가장 노동을 많이 하는 부위가 바로 발목이다. 그런 발목을 '足'과 '夫'를 합쳐서 '趺'로 나타냈다.

따라서 跏趺坐는 '발목을 서로 교차하여 달라붙도록 앉는 자세'를 말한다. 즉 오른발의 발목을 왼편 넓적다리 위에 달라붙도록 놓고, 왼발의 발목은 오른편 넓적다리 위에 달라붙도록 놓고 앉는 자세를 가부좌라고 하는 것이다. 그렇게 앉으면 겹쳐진 두 다리가 방바닥에 찰싹 달라붙게 되어 가장 안정적인 자세가 된다. 부처는 이처럼 가장 안정적인 자세로 앉았다. 부처가 앉은 모습이라는 뜻에서 가부좌를 달리 불좌(佛坐), 여래좌(如來坐), 연화좌(蓮花坐), 대좌(大坐), 선정좌(禪定坐)라고도 한다.

이때의 좌는 자리(seat)라는 의미의 '座'가 아니라 '앉는다(sit)'는 의미인 '坐'임에 유의해야 한다. 이 가부좌를 우리나라에서는 언제부터인가 '책상다리를 하고 앉음'이라고 번역하여 사용하고 있다. 네 다리로 서 있는 책상이 가장 안정적인 자세이기 때문에 그렇게 번역한 것 같다.

속도도 빠르고 변화도 많은 세상, 때로는 가부좌를 하고 앉아 명상을 하면서 잠시나마 그 부담스런 속도와 변화에서 벗어날 필요가 있을 것이다.

가
부
좌

235

탕비실

湯沸室

—

2018-01-29

　밀양 세종병원의 화재는 응급실 안에 설치된 탕비실 천장에서 처음 시작되었다고 한다. 이런 보도를 접하면서 적지 않은 사람들이 탕비실이 뭐 하는 곳인지를 몰라 어리둥절했다. 탕비실은 '湯沸室'이라고 쓰며 각 글자는 '끓을(일) 탕', '끓을(일) 비', '집(방) 실'이라고 훈독한다. 글자대로 풀이하자면 '끓이는 집(방)'이라는 뜻이다. 순전히 일본어에서 온 말이다.

　차를 마시며 유난히도 까다로운 '다도(茶道)'를 중시하는 일본에서는 회사나 공공기관에 대부분 차를 우리기 위해 물을 끓여 보급하고 또 찻잔이나 식기 등을 씻을 수 있는 공간을 두는데 이런 공간을 탕비실이라고 부른다고 한다. 우리나라에서도 1970~80년대까지는 이 말을 흔히 사용하였다. 기관장의 집무실 곁에 두어 비서들이 차를 준비하는 공간을 탕비실이라 했고, 화장

실 곁에 두어 청소도구를 보관하거나 대걸레를 빨기도
하는 공간을 탕비실이라고 부르기도 했다. 차를 준비
하는 곳과 청소도구를 보관하는 곳은 완전히 다른 공
간인데 같은 이름을 사용하다보니 혼란스러운 경우가
많았다.

그래서, 차를 준비하는 곳은 '준비실' 혹은 '끓는 물
을 공급하는 곳'이라는 의미에서 '급탕실(給湯室 給: 줄
급)'이라고 부르고, 청소도구를 보관하거나 간단한 세탁
을 하는 등 여러 가지 용도로 사용하는 공간은 '다용도
실'이라고 부르게 되었다. 이후, 준비실이나 급탕실이
라는 말은 사라지고 대부분 '다용도실'이라는 말을 사
용하게 되었는데 이번에 화재가 난 밀양 세종병원의
경우에는 수요자들에게 뜨거운 물도 공급하고 간단한
설거지도 할 수 있도록 한 공간이라는 뜻에서 전에 사
용하던 '탕비실'이라는 일본어를 그대로 사용했던 것
같다.

언론들은 병원 측에서 '탕비실'이라고 부르니 또 그
대로 받아 보도를 하고… 아직도 우리 주변에는 실정에
맞지 않은 일본어들이 일제의 잔재로 남아 있다. 청산
하려는 노력이 있어야 할 것이다.

얌차飲茶와 딤섬點心과 점심

2018-02-02

낮 12시면 전국의 공기관이나 회사가 거의 동시에 점심시간을 맞는다. "점심이니까 가볍게 먹지 뭐." 언제부터 그런 생각을 하게 되었는지는 알 수 없으나 우리나라에서는 전통적으로 아침은 제대로 먹고 점심은 가볍게 먹거나 건너뛰고 저녁은 과식하지 않는 것이 좋다는 생각을 해 온 것 같다. 물론, 요즈음에는 생활양식이 바뀌어 아침은 제대로 챙겨 먹지 못한 채 출근하고, 점심은 구내식당에서 적당히 먹고, 저녁은 회식이든 집에서 먹든 '거하게' 먹는 사람이 많다. 예나 지금이나 가볍게 대강 먹는 대상은 점심이다.

점심은 '點心'이라고 쓰며 각 글자는 '점찍을 점', '마음 심'이라고 훈독한다. 글자대로 풀이한다면 '마음에 점을 찍는다.'는 뜻이다. 즉 먹지 않거나 먹더라도 조금 먹고서 마음속으로 '먹었거니'하고서 점을 찍는

238

게 바로 점심인 것이다.

그러므로 현대 중국어에서는 아예 點心이라는 말이 간식(間食) 즉 영어의 'snack'이라는 뜻으로 사용되고 있다. 우리는 중국 당나라 때부터 사용했던 '間食'이라는 의미의 '點心'을 받아들여 아침과 저녁 사이에 먹는 '중간의 한 끼'라는 의미로 써온 것이 오늘에 이르러서는 서양의 '런치(lunch)'에 해당하는 말이 되었다.

중국 광동지방을 대표하는 도시인 홍콩의 요리를 표현하는 말 중에 '얌차'와 '딤섬'이 있는데 '얌차'는 '음차 (飲茶 飲:마실 음, 茶: 차(tea) 다(茶))'의 광동어 발음이고 '딤섬'은 '點心'의 광동어 발음이다. 飲茶 즉 차를 마시는 공간에서 이야기를 나누며 먹던 소형 물만두 모양의 간식 즉 點心이 차츰 수백 종으로 진화하여 지금은 홍콩을 대표하는 요리가 된 것이다. '얌차'식당에서 '딤섬'을 먹는 것은 오늘날 홍콩관광의 필수코스가 되었다. 예나 지금이나 간단히 먹는 우리의 점심에는 빈곤 극복을 위한 '치열한 근검'이라는 의미가 진하게 담긴 것 같아 가슴이 짠하다.

비평批評 비판批判 비난非難

2018-02-07

따지고 보면 알쏭달쏭한 말이 참 많다. 비평(批評)과 비판(批判)과 비난(非難)도 한 예이다. '批'를 풀이할 만한 순우리말이 없다보니 흔히 '비평할 비'라고 훈독하지만 '批'는 견준(比) 결과를 손으로(扌 = 手) 쓴다는 의미의 글자이다. '評' 역시 순우리말 풀이가 적당치 않아 흔히 '평할 평'이라고 훈독하는 글자인데 말을 나타내는 '言'과 '공평하다'는 의미의 '平'이 결합하여 이루어진 글자인 것으로 보아 '평형을 유지하는 말, 균형 잡힌 말'이라는 의미가 담겨 있다.

'判'은 흔히 '판단할 판'이라고 훈독하는데 '절반(half)'을 의미하는 '半(반)'과 '칼'을 의미하는 '刂(=刀:칼 도)'가 합쳐진 글자로서 시비, 선악, 미추 등의 가치를 한가운데를 칼로 자르듯이 공정하고 분명하게 판단한다는 의미를 가진 글자이다. 따라서 批評은 견준(比) 결과를 손으로(扌 = 手) 써 가면서 신중하게 평가하여 내리는 '평형을 유지하는 말, 균형 잡힌 말'이라는 뜻이고, 批判 역시 어느 한쪽으로 치우치지 않게 半 즉 중심을 잘 잡고 손으로 써가며 신중하게 생각한 결과를 칼로 자르듯이 공정하고 분명하게 판단한다는 뜻이다.

따라서 비평과 비판의 사전적 풀이를 보면 비평은 "사물의 옳고 그름, 아름다움과 추함 따위를 분석하여 가치를 논함"이고, 批判은 "현상이나 사물의 옳고 그름을 판단하여 밝히거나 잘못된 점을 지적함"이다. 비평은 보다 더 구체적으로 논한다는 의미이고, 비판은 비교적 간단하게 지적한다는 의미인 것이다.

비난은 '非難'이라고 쓰며 각 글자는 '아닐 비', '어려울 난'이라고 훈독한다. 자칫 '어려움이 없다'는 뜻으로 오해할 수 있는데 그런 뜻이 아니고 어떤 일에 대해서 무조건 '아니다(非)' 혹은 '어렵다(難)'고만 말하며 남의 잘못이나 결점을 잡아 헐뜯는 것을 非難이라고 한다. 비평과 비판은 신중하게 하고, 웬만하면 비난은 안 하는 게 좋을 것이다.

화투

花鬪

–

2018-02-20

명절이면 반가운 사람들이 모여 화투놀이를 하는 경우가 많다. 화투는 중국의 투전에서 기원했다는 설이 있다. '투전'은 '鬪牋'이라고 쓰는데 각 글자는 '싸울 투', '조각종이 전'이라고 훈독한다. 손가락 너비만한 두껍고 작은 종이에 인물, 새, 짐승, 벌레, 물고기 등을 그리고 그것으로 끗수를 나타내서 승패를 가리는 오락이다.

이 투전이 어떤 경로를 거쳐 유럽으로 건너가 카드놀이가 되었고, 그것이 포르투갈 상인들에 의해 일본으로 들어와 화투가 되어 19세기 말 혹은 20세기 초에 우리나라로 들어왔다고 한다. 혹자는 화투를 백제시대부터 우리나라에 존재했던 놀이로 보기도 한다.

화투는 '花鬪'라고 쓰는데 각 글자는 '꽃 화', '싸울 투'라고 훈독한다. 직역하자면 '꽃 싸움'이다. 12묶음

48장으로 구성된 화투는 12묶음이 곧 일 년 열두 달을 상징하는 꽃이나 나무로 분류되어 있고, 그것의 끗수를 따져서 승패를 겨루기 때문에 화투라는 이름이 붙은 것이다. 정월은 솔(소나무), 2월은 매화, 3월은 벚꽃, 4월은 흑싸리, 5월은 난초, 6월은 모란, 7월은 홍싸리, 8월은 공산명월(空山明月:텅 빈 산에 떠오르는 달), 9월은 국화, 10월은 단풍, 11월은 오동, 12월은 비(雨)이다. 각 달에는 열 끗짜리, 다섯 끗짜리 그리고 숫자로 쓰이지 않는 홑껍데기 즉 피(皮)가 두 장씩 있다. 열두 달 중에서 1월과 3월 그리고 8월과 11월에는 '광(光)'자가 적혀 있고 이들은 스무 끗으로 친다. 이때의 '끗'은 곧 노름에서 셈을 치는 점수를 나타내는 단위이다. 여기에 '깃발'의 '발'처럼 기세나 힘의 뜻을 더하는 접미사인 '-발'을 덧붙여서 '끗발'이라는 말이 생겼다.

끗발이 서야 돈도 따고 체면도 유지한다. 나중에 끗발은 권세나 기세 이른바 '백 그라운드' 등을 의미하는 말로도 쓰이게 되었다. '花鬪'가 '話鬪(말싸움)'로 변하는 일은 없어야 할 것이다.

해현경장

解絃更張

—

2018-02-26

　우리 주변에는 참 좋은 말들이 많이 있다. 특히 한자
로 쓴 사자성어(四字成語)는 짧으면서도 내용이 풍부하고
강한 전달력까지 갖추고 있어서 깊은 감동을 주는 경우
가 많다. '해현경장'이라는 말도 그런 말 중의 하나일 것
이다.

　해현경장은 '解弦更張'이라고 쓰며 각 글자는 '풀어
질 해', '활시위(또는 악기 줄) 현', '고칠 경', '베풀(펼) 장'
이라고 훈독한다. 느슨하게 늘어진 활시위나 악기의 줄
을 다시 조여 매어 팽팽하게 한다는 뜻이다. 중국 한나
라 사람 동중서(董仲舒)가 무제(武帝)에게 널리 인재를 등
용할 것을 건의할 때 한 말로 알려져 있다. 나중에 이
말은 사회적, 정치적 제도를 개혁하여 국가와 사회의
기강을 바로잡는 것을 이르는 말로 많이 사용하게 되었
다. 1894년에 있었던 일련의 개혁적인 조치인 '갑오개

혁'을 달리 '갑오경장'이라고 부르는 것도 이런 의미를 취한 것이다.

활의 시위나 악기의 현은 팽팽하게 조였다고 하더라도 시간이 흐르면 느슨해질 수밖에 없다. 느슨해진 시위는 화살을 멀리까지 날려 보낼 수 없고 줄이 늘어진 악기로는 고운 음악을 연주할 수 없다. 그러므로 궁수나 연주자는 항상 자신의 활이나 악기의 줄이 최적의 상태로 팽팽하게 조여 있는지를 점검해야 한다. 그런데 문제는 정신 줄이 늘어져 있으면 자신의 활이나 악기의 줄이 어느 정도 늘어져 있는지를 가늠조차 제대로 할 수 없게 된다는 점이다. 이처럼 늘어질 대로 늘어진 상태를 '해이(解弛 弛:늘어질 이)'라고 한다.

음력설을 쇤 지도 벌써 일주일이 다 되어 가고 있다. 새로운 한 해를 맞으며 새로운 각오를 했던 것들이 해이되고 있지 않은지 살펴서 解絃更張을 할 필요가 있을 것이다. 양력으로 한 해가 바뀔 때 먹었던 마음이 해이되었다면 음력설을 통해 다시 조여매고 음력설에 조여맨 마음이 다시 해이해지려 한다면 매일매일 조여 가며 하루하루를 보람차게 지내야 할 것이다.

관전觀戰 포인트Point와 주안점主眼點

2018-03-07

중국식 국회라고 할 수 있는 전국인민대표회의(全國
人民代表會議 약칭 '全人代')가 3월 5일 개막했다. 중국의 향
후 진로와 습근평(習近平) 주석의 역할과 지위 및 중국과
미국을 비롯한 주변국과의 관계 등 여러 가지 문제를
다룰 이 회의 결과가 중국 국내는 물론 국제 사회에 끼
칠 영향이 매우 크기 때문에 세계의 눈이 중국의 '全人
代'에 쏠리고 있다. 우리나라 언론들도 깊은 관심을 갖
고 보도하고 있다.

그런데 일부 언론의 보도내용과 그런 보도를 토대로
인터넷에 올라와 있는 표제를 보면 적잖이 우려된다.
"아울러 시 주석의 최측근 왕치산의 국가부주석직 복귀
와 강력한 사정기능을 가진 국가감찰위원회 설립 여부
도 이번 전인대에서 눈여겨볼 관전포인트로 꼽힙니다."
라는 식의 보도가 있었고, 그런 보도에 대해 "'강군몽'

의지 천명…중국 전인대 관전포인트는?"이라는 표제가
붙었기 때문이다.

관전은 '觀戰'이라고 쓰며 국어사전은 "전쟁의 실황
을 직접 살펴봄"이라는 풀이를 하고, "운동 경기나 바
둑의 대국 따위를 구경함"이라는 확장된 뜻풀이를 덧붙
이고 있다. 따라서 觀戰은 전쟁의 실황이나 전쟁 못지
않게 격렬하게 다투는 운동경기 혹은 눈에 보이지 않게
벌어지고 있는 암투 등을 지켜본다는 뜻이며, 관전 포
인트는 그런 싸움을 지켜볼 때 눈여겨보아야 할 주안점
을 이르는 말이다.

그런데 우리는 이 '觀戰포인트'라는 말을 너무 함부
로 사용하고 있다. 유명스타의 결혼식에 대해서도 '세
기의 결혼식에 대한 관전 포인트' 운운하고, 세계적 거
장의 음악회나 전시회에 대해서도 '이번 음악회(전시회)
를 보는 관전 포인트'라는 말을 서슴없이 사용하고 있
다. 오용이자 남용이다. '주안점(主眼點)'이라는 말로 표
현하는 것이 좋을 성싶다. 중국의 전인대에 대해 자꾸
'관전포인트'라는 말을 사용하다가는 자칫 중국을 내적
인 암투가 치열한 나라로 인식시킬 우려마저 없지 않
다. 삼가야 할 말이라고 생각한다.

서슬 퍼런 분위기

2018-03-08

중국의 전국인민대표자회의에 대한 언론의 보도가
적잖이 날카롭다. "전인대는 공산당 중앙위원회가 제시
한 안건을 인준하는 거수기 역할만 한다는 비판을 받고
있습니다. 반대가 일부 나올 것이라는 예상이 있었지
만 지금같이 서슬 퍼런 분위기에서는 쉽지 않아 보입니
다."라는 보도가 있었다. 전인대가 거수기 역할만 한다
는 것은 이미 널리 알려진 사실이자, '공개된 비밀'이기
는 하지만 남의 나라 '국회'의 분위기에 대해서 '서슬 퍼
런'이라는 말을 사용하는 것은 좀 지나친 게 아닐까?

언론이 날카로운 비판은 해야 한다는 점은 충분히
인정하지만 비판이 날카로울수록 용어의 선택은 신중
해야 한다는 것이 필자의 생각이다. 자칫 예기치 못한
오해와 문제를 불러일으킬 수도 있기 때문이다.

'서슬'은 쇠붙이로 만든 연장이나 유리 조각 따위의

날카로운 부분을 이르는 말이고 '서슬이 퍼렇다'는 말은 그처럼 날카로운 쇠붙이 연장의 빛, 예를 들자면 '검광(劍光:칼 빛)' 같은 것이 예리하다 못해 날에 비친 햇빛이나 불빛이 퍼런빛을 띠어 가슴을 섬뜩하게 한다는 의미이다. 날카로운 연장은 누군가를 해치기 위해서 그렇게 퍼런 날을 세운다. 따라서 '서슬 퍼런 분위기'란 살기가 등등한 섬뜩한 공포 분위기를 이르는 말이다. 결코 함부로 사용할 말은 아니라고 생각한다. 더욱이 "지금 같은 서슬 퍼런 분위기"라는 말은 지금 즉 현재 중국 정국의 분위기가 그렇다는 뜻이 될 수도 있기 때문에 자칫 오해를 불러일으킬 소지가 있다.

말을 한다는 것, 글을 쓴다는 것, 정말 쉽지 않은 일이다. 이렇게 쉽지 않은 일을 매일같이 해야 하는 언론인들의 노고에 경의를 표한다. 破邪顯正! '깨부술 파(破)', '간사할 사(邪)', '드러낼 현(顯)', '바를 정(正)'. 간사함을 깨부수고 바름을 드러내는 것이 언론의 역할이다. 부드러우면서도 천근만근의 무게로 다가오는 말일 때 破邪顯正의 효과는 더 클 것이다.

수도선부

水到船浮

–

2018-03-20

　주희(朱熹)는 '수도선부水到船浮' 즉 "물이 차면 배는 떠오른다."는 의미를 담은 시를 남기기도 했다. 그는 누구보다도 독서를 중시하여 〈관서유감(觀書有感 觀:볼 관, 書: 글 서, 有: 있을 유, 感:느낄 감)〉 즉 〈책을 읽으며 가진 느낌〉이라는 시 2수를 썼는데 그중 한 수에 이 '수도선부 水到船浮'의 의미가 담겨 있다. 해당 시는 다음과 같다. "작야강변춘수생昨夜江邊春水生, 몽충거함일모경蒙冲巨艦一毛輕. 향래왕비추이력向來枉費推移力, 금일중류자재행今日中流自在行." 해석하자면 이렇다. "어젯밤 강가에 봄비가 내리더니, 강에 물이 차오르자 큰 배도 터럭만큼이나 가볍게 떠올랐네. 접때는 강바닥에서 배를 밀어 옮기느라 헛되이 힘을 소비했는데 오늘은 물 한가운데에서 자유자재로 떠가는구나."(昨:어제 작, 夜: 밤 야, 邊:가장자리 변, 蒙:입을 몽, 冲:채울 충, 巨:클 거, 艦:배 함, 輕:

가벼울 경 向:향할 향, 來:올 래, 向來: 저번 때, 枉:헛 될 왕, 費:소비할

비, 推:밀 추, 移:옮길 이, 今:이제 금)

물이 빠진 강바닥의 진흙 위에서 배를 끌고 간다고
가정해 보자. 얼마나 많은 힘이 들겠는가? 그러나, 비가
흠뻑 내려 강에 물이 차오르기만 하면 배는 솜털마냥
가볍게 떠서 자유자재로 물위를 오갈 수 있다. 쌓인 학
식이 없이 텅 빈 머리로 어려운 문제를 푼다고 가정해
보자. 아무리 끙끙대며 머리를 쥐어 짜 보아도 그 문제
를 풀 수 없다. 그러나 독서를 통해 학식을 쌓고 나면 그
처럼 어렵던 문제도 술술 풀리게 된다.

물은 배가 배의 역할을 하게 하는 기본 조건이고, 독
서는 사람이 사람 역할을 할 수 있게 하는 기본 조건이
다. 배우지 않고 빈 머리로 살아가는 인생은 땅바닥에
서 배를 끌고 가는 것만큼이나 고달프고 처참하다. 봄
은 놀기에도 좋지만 공부하기에도 딱 좋은 계절이다.
허송세월하지 말고 깊이 있는 책 한 권이라도 읽도록
해야 할 것이다.

상용常用과 상용商用

2018-03-22

30년 전의 제자가 작은 사무실을 냈다. 동기들이 모여 개업식에 가면서 인사차 내게 들렀다. 이런 저런 이야기 끝에 그들끼리 잠시 "뭘 사가지고 갈까?"를 의논하게 되었는데 의견 중에는 꽃, 벽걸이사진 등 실용성보다는 장식성이 더 강한 물건들도 거론되었다. 듣고 있던 내가 무심코 거들었다. "그런 장식품보다는 상용물품이 더 낫지 않을까?" 그랬더니 한 친구가 "교수님께서 작품을 하나 써 주시면 모를까 나머지는 어차피 다 사야 하니까, 상용이기는 마찬가지예요"라고 했다.

허허, 이 친구 말에 문제가 있나? 내가 말을 잘못했나? 나는 일상적으로 사용할 수 있는 실질적인 물건이라는 뜻으로 '상용(常用 常:일상 상, 用:쓸 용)'이라는 말을 썼는데, 이 친구는 '장사할 상(商)'을 쓰는 '商用'이라는 단어로 받아들여 "어차피 상품이기는 마찬가지"라는 말

252

을 한 것이다. 이 친구가 정말로 常用과 商用을 구별하지 못하고 하는 말인지 아니면 '상용'이라는 발음만을 취하여 商用 상품이 아닌 유일 수제품(?)인 내 작품을 슬쩍 하나 강탈할(?) 생각으로 하는 아재개그인지 빨리 판단이 서질 않았다.

한바탕 웃은 다음에 진의를 캐물었더니 이 친구가 하는 말이 가관이다. "원래는 常用과 商用을 구별하지 못하고서 한 말이었는데 결과적으로는 우아하게 교수님 작품을 탐하는 아재개그를 하게 되었다."는 것이다. 그 자리에 있던 우리 모두 그 친구의 무식함에 대해 성토하며 한바탕 유쾌한 시간을 보냈다. 그 친구는 학창시절에도 그렇게 착한 모습으로 자신의 무모함과 당돌함과 무식함을 스스로 노출시키고 다녔지만 누구도 그 친구를 미워하지 않았다. 늘 그 친구가 있어서 주변이 즐거웠었다.

세상에는 그렇게 솔직함으로써 오히려 뱃속 편하게 사는 사람이 있다. 부러운 사람들이다. 그러나 "여보게! 이제는 자네도 50줄을 넘겼으니 常用과 商用 정도는 구분하면서 살았으면 좋겠네. 껄껄."

단자單子와 봉투封套

2018-04-04

"나, 지금 주차를 못 해서 그냥 돌아갈 테니 네가 대신 봉투 하나 넣어 주고 혼주한테 말 좀 잘 해 주라. 그리고 네 계좌번호 꼭 찍어줘." 우리 주변에서 흔히 볼 수 있는 상황이다. 주말이면 한 결혼식장에서 수십 쌍의 신혼부부를 배출(?)하다 보니 이런 현상이 일어나지 않을 수 없다.

봉투는 '封套'라고 쓰며 각 글자는 '봉할 봉', '씌울 투, 덮개 투'라고 훈독한다. 안에다 뭔가를 넣고 입구를 봉하는 '겉 씌우개'를 봉투라고 하는 것이다. 중요한 서류를 넣을 때도 봉투를 사용하지만 우리 사회에서는 돈을 건넬 때는 '반드시'라고 표현해야 할 만큼 봉투를 사용하는 경우가 많다. 속으로는 어떨지 모르나 겉으로는 돈을 챙기는 행위를 멸시한 유가적 관념이 아직 우리사회에 남아 있어서 현금을 뻔히 눈에 보이게 건네는 것을 민망하게 여기기 때문에 반드시 봉투를 사용하는 것이다. 물론, 거액의 부정한 돈 거래를 하는 사람들 중에는 사과상자나 라면상자를 이용하는 경우도 있지만 말이다.

옛날에는 경사나 애사에 부조를 할 때 현금보다는 물건을 보냈다. 물건을 보내면서 물건의 내용을 쓴 작은 종이를 봉투에 담아 함께 보냈다. 이처럼 물건의 목록 즉 물목을 적은 종이를 '단자'라고 했다. 단자는 '單子'라고 쓰며 '단'은 '홑 단'이라고 훈독한다. '子'는 의자(倚子), 탁자(卓子) 등에서 쓰는 '子'와 마찬가지의 접미사이다. 물건 '하나하나'를 적은 종이라는 뜻에서 '單子'라고 한 것이다.

그러던 것이 오늘날에는 아예 단자는 없이 돈만 넣어 부조를 하다 보니 "대신 봉투 하나 넣어 달라"는 말이 생긴 것이다. 물론 아직도 봉투에 부조금을 넣으면서 '금 ○만 원'이라고 쓴 종이 한 장을 넣는 사람도 있다. 이게 바로 옛 단자의 흔적이다. 요즈음엔 아예 현장에는 가지도 않고 온라인 입금으로 해결하는 경우가 늘고 있다고 한다. 이제는 '단자' 문화도 그리운 시대가 되었는가?

야부당冶夫堂 초우草宇 대종사

2018-04-09

"야부당 초우 대종사가 26일 오전 경남 양산시 통도사에서 입적했다. 법랍 72세, 세수 86세." 지난 3월 27일 각 신문에 보도된 내용이다. 한국어로 쓴 기사이긴 한데 이 기사를 일반인들이 얼마나 정확하게 이해할 수 있을까? 야부당은 뭐고, 초우는 무엇이며, 대종사는 또 무슨 의미일까? 법랍은 무엇이며 세수는 또 뭘까? 한자를 통해 우리 조상들이 삶 속에서 가꿔온 우리의 문화에 대해서 조금만 알면 다 쉽게 이해할 수 있는 말들인데 무슨 의미인지도 모르는 채 소식을 소식으로만 전하고 말을 말로서만 하는 것 같아 안타깝다.

옛사람들은 거의 다 이름과 함께 호를 가졌다. 이름은 부모님이 지어주면서 그 이름 안에 '내 자식에 대한 부모의 바람'을 담았다면, 호는 본인의 의지나 바람을 담을 수 있는 또 하나의 이름이다. 추사(秋史) 김정희(金

正喜) 선생의 경우, 正喜라는 이름은 아버지가 지어준 것이지만 秋史라는 호는 가을(秋) 날씨와 같은 냉철한 역사(史)와 문화의식을 갖고 살자는 의미에서 스스로 붙인 것이다.

스님들은 불문에 든 후에는 속세와의 모든 인연을 끊는다는 의미에서 이름을 새로 짓는다. 그 이름을 불법(佛法)세계에서 사용하는 이름이라는 의미에서 '법명(法名)'이라고 한다. 대부분 스승께서 지어준다. '草宇'라고 쓰는 초우 대종사의 법명에는 아마도 넓은 우주에서 풀 한 포기와 같은 존재로 사는 게 바로 인간이라는 의미가 담겼을 것이다.

이 법명을 받은 초우 스님은 자신의 의지나 혹은 다른 스승의 가르침을 받아 또 하나의 이름으로써 호를 지었으니 그것이 바로 '冶夫堂'이라는 법호(法號)이다. '도야할 야(冶)', '사나이 부(夫)', 늘 도야를 게을리 하지 않겠다는 의지를 담은 호로 생각된다. 스승의 가르침에 따라 자신을 한 포기 풀과 같은 존재로 여기고 살면서도 도야를 게을리 하지 않은 冶夫堂 草宇 스님께서 이 세상을 떠나신 것이다.

법랍法臘과 세수歲壽
—
2018-04-10

3월 26일 오전 경남 양산시 통도사에서 입적하신 야부당(冶夫堂) 초우(草宇) 대종사의 법랍은 72세, 세수는 86세였다고 한다. 법랍과 세수는 어떻게 셈하는 것일까?

법랍은 '法臘'이라고 쓰며 각 글자는 '법 법(法)', '납월 랍(臘)'이라고 훈독하는데 여기서 말하는 '法'은 불교의 교리인 불법(佛法)을 말하며 납월은 음력 섣달을 달리 이르는 말이다. 납월은 한 해를 마치는 달이므로 그 달을 마지막으로 1년이 또 간다는 의미에서 '1년' 즉 '한 해'라는 의미도 갖게 되었다.

이 '한 해'라는 의미의 臘이 나중에는 출가하여 불교에 귀의한 후 스님의 나이를 세는 단위로 사용되어 스님이 스님으로서 산 나이를 法臘이라고 하게 되었다. 즉 출가하여 사미계를 받음으로써 처음 승려가 된 그 해를 불제자로 태어난 첫 해로 보아 법랍 1세로 치는데 하안거(夏安居: 승려가 여름 장마를 피하여 90일 동안 한곳에 모여 수도하는 것)가 끝나는 7월 15일을 연말로 보고 그날을 기준으로 1세씩 나이를 먹는 것으로 셈한다.

세수는 '歲壽'라고 쓰는데 각 글자는 '세월 세(歲)', '목숨 수(壽)'이다. 자연의 세월을 따라 1년에 한 살씩 더해가는 나이를 歲壽라고 한다. 즉 속세에서 말하는 일반적인 나이를 '歲壽'라고 하는 것이다. 초우 대종사의 법랍이 72세, 세수가 86세였다는 것은 속세의 일반인들이 먹는 자연 나이로는 86세까지 살았고, 스님이 된 후로는 72세 동안 살았다는 뜻이다. 초우 대종사는 우리 나이로 15세에 출가하여 불교에 귀의한 것이다.

법랍이 높다고 해서 반드시 득도한 경지가 높은 것은 아니다. 득도의 경지는 法臘의 臘數에 비례하는 것이 아니라 평소 얼마나 마음공부에 정진했느냐에 따라 결정된다. 비록 속세에 있더라도 하루하루를 정진하는 자세로 생활하다보면 언젠가는 속인도 큰 깨달음을 얻어 득도하는 날이 있을 것이다. 마음공부에 힘써 성불하소서!

화혼華婚 화갑華甲

2018-04-23

    결혼 축의금 봉투에 '축 결혼'이라고 쓰는 경우가 대부분이지만 더러 '축 화혼'이라고 쓰는 사람도 있다. '화혼'은 '華婚'이라고 쓴다. '華'는 흔히 '빛날 화'라고 훈독하지만 사실은 '꽃 화(花)'의 본래 글자로서 잘 핀 꽃송이를 형상화한 글자이다. 맨 윗부분의 '艹'는 '풀 초(草)'의 본래 글자인 '艸'의 모양을 간단히 취한 것으로서 '식물'이라는 의미를 나타내고, 중간의 가로세로 획이 여러 개 겹친 부분이 꽃송이 모양이며, 아래로 쭉 뻗은 세로획이 꽃송이가 달려 있는 줄기 모양이다.

    후에 '艹'에 발음을 나타내는 '화(化)'를 합쳐 간략하게 쓰는 '꽃 화(花)'자가 만들어져 통용되면서 '華'는 '꽃 화'라고 훈독하기보다는 '빛날 화'라고 훈독하면서 화려하다는 의미의 형용사로 많이 사용하게 되었다. 그러므로 華婚은 '빛나는 결혼'이라는 의미로서 남의 결혼식을 아름답게 불러주는 미칭이다.

'화갑(華甲)'이라는 말도 있다. 남의 환갑(還甲=回甲)을 아름답게 불러 주는 미칭이다. 천간(天干)과 지지(地支)가 결합하여 이루는 60갑자로 나이를 셈하던 시절에는 태어난 지 61년째를 맞으면 그해의 간지가 태어난 해의 간지와 완전히 같게 된다. 그래서 태어나던 해의 간지로 되돌아왔다는 의미에서 '돌아올 환(還)' 혹은 '돌아올 회(回)'를 써서 還甲 혹은 回甲이라고 한다. 그런 환갑을 축하하기 위해 아름답게 불러주는 말이 바로 '화갑(華甲)'인 것이다.

그런데 이 '華'자의 각 필획을 유심히 살펴보면 보면 6개의 '十'자와 한 개의 '一'자로 구성되어 있음을 발견할 수 있다. '華'자 자체가 '6십(十)1(一)'로 구성되어 있는 것이다. 그래서 61세를 나타내는 말로 華甲이라는 말을 더 많이 사용한다. '100세 시대'에 '환갑'나이는 너무 젊어서 이제는 아예 환갑은 챙기지도 않는다. 당연히 '華甲'이라는 말도 쓸 일이 거의 없게 되었다. 격세지감을 느낀다.

화전花煎과 화전花箋

2018-04-25

　이상 기온으로 인하여 봄꽃 철이 많이 짧아졌다. 예전에는 '춘서(春序)'라고 하여 봄꽃도 피는 순서가 있었다. 매화가 피고, 이어서 진달래와 개나리가 피고, 그 뒤를 이어 목련이 피고 벚꽃이 피고…. 이렇게 차례로 꽃을 피우다 보면 벚꽃은 빨라도 4월 중순이나 되어야 만개하곤 했었다. 그런데 요즈음에는 이런 순서가 없이 봄이 왔다 싶으면 매화, 진달래, 개나리, 목련, 벚꽃이 거의 차이를 두지 않고 한꺼번에 다 피는 것 같다. 그리고 철쭉이 필 때쯤이면 이미 날씨가 초여름처럼 더워지면서 꽃이 제 색깔을 제대로 펴보지도 못한 채 고온의 공기와 따가운 햇볕으로 인해 마치 마르듯이 금세 시들어 버린다.

　게다가 미세먼지마저 극성을 부려 외출을 삼가다보니 꽃을 구경하는 여유를 가질 수가 없다. 꽃잎을 따서 화전(花煎)을 부쳐 먹던 옛날이 그립다. 화전놀이는 이 제 민요의 가사 속에서나 들을 수 있는 말이 되고 말았 다. 안타까운 일이다.

봄은 청춘남녀들이 사랑을 하는 철이다. 설레고 애 타는 마음으로 밤새 사랑의 편지를 써놓고서도 용기를 내지 못해 부치지도 건네지도 못한 채 책상서랍에 비밀 스럽게 넣어 놓고 가슴 졸이던 시절이 있었다. 이런 사 랑의 편지를 '꽃 편지'라고 불렀다. '꽃 편지'라고 부르 기 전, 한자어로는 '화전(花箋)'이라고 했다.

'箋'은 '쩌지 전'이라고 훈독하는데 '쩌지'란 "특별히 기억할 만한 것을 표하기 위하여 글을 써서 붙이는 좁 은 종이쪽"을 말한다. 원래는 대나무를 얇게 깎아 그 위 에 글씨를 써서 엮은 '죽간(竹簡)'에 보충설명으로서 '주 (註)'를 달아야 할 경우에 '작은(戔)' '대나무(竹)' 조각을 덧붙여 달았기 때문에 戔과 竹을 합친 '箋'이라는 글자 가 생겨났다. 후에 '箋'은 작은 종이에 쓰는 편지나 그 런 편지를 쓰는 종이라는 의미로 많이 사용되었다. 花 箋을 주고받던 청춘남녀가 상큼한 기분으로 花煎놀이 를 가는 세상이 다시 돌아왔으면 좋겠다.

도보다리

—

2018-04-30

판문점 인근에는 여러 개의 다리가 있다. 남북공동
경비구역 서쪽의 사천(砂川)에 원래 있던 다리가 '널문다
리'인데 휴전협정 조인 후, 포로 교환이 이루어지면서
북으로 한 번 건너간 포로는 '다시는 돌아올 수 없다'고
해서 '돌아오지 않는 다리'라고 부르게 되었다. '도끼만
행 사건'으로 인해 남측에서 이 다리를 폐쇄하자, 북측
에서 이에 대응하여 72시간 만에 새로운 다리를 놓았다
고 함으로써 '72시간 다리'가 탄생했다.

한편, 포로교환 때 국군포로 1만 2,773명이 건너온
다리를 '자유의 다리'라고 하는데 이 다리는 폭격으로
파괴된 상·하행 경의선 철교를 임시로 복구하여 만든
다리이다.

그동안 잘 알려지지 않았던 도보다리는 T1~T3건
물과 중립국감독위원회 사무실 사이에 놓인 작은 다리

로서 습지를 건너기 위해 놓은 다리이다. 유엔군사령부에서 '걸어서 건너는 다리'라는 뜻으로 '풋 브리지(Foot Bridge)'라고 부르던 것을 우리말로 옮기면서 '도보다리'라고 했다고 한다. '도보'는 '徒步'라고 쓰며 각 글자는 '한갓 도', '걸음 보'라고 훈독한다. '한갓'은 순우리말 부사로서 '다른 것 없이 오직'이라는 의미이며 '단지(但 只 但:다만 단, 只:오로지 지)'와 비슷한 말이다.

그러므로 도보다리는 '오직 걷기만' 하는 다리로 해석할 수 있는데 이제 이 다리는 '걷기만 하는' 다리가 아니다. 한반도의 평화와 번영을 기약한 역사적인 다리가 되었다. 유엔군사령부에서도 푸른색을 칠한 다리라는 의미에서 더러 '블루 브리지(Blue Bridge)' 즉 '푸른색 다리'라고 부르기도 했다니 이번 기회에 희망을 상징하는 '푸른 다리' 혹은 그보다 더 좋은 의미를 담을 수 있는 이름으로 고쳐 불렀으면 어떨까 하는 제안을 해 본다. 폭이 좁은 작은 다리는 꼭 '도보다리'라고 이름 붙이지 않아도 도보로 건너는 게 마땅한 까닭에 '도보다리'라는 이름이 적잖이 어색하게 들리기에 하는 말이다.

부질없는 짓

—
2018-05-03

우리말의 어원을 추적하다보면 전혀 생각하지 못했던 곳에 그 어원이 자리하고 있는 경우가 많다. '부질없다'는 말도 그중의 하나이다. '부질'은 '불질'에서 나왔다고 한다. 이때의 '불'은 '火(불 화)' 즉 영어의 'fire'에 해당하는 말이고, '질'은 '선생질', '순사질'처럼 직업이나 직책을 비하하는 뜻이 담긴 접미사이다. 그러므로 '불질'은 불을 다루는 일을 낮춰 부르는 말이다.

강하고 단단한 쇠를 얻기 위해서는 쇠를 불에 달구었다 물에 담갔다 하며 두드리는 일을 여러 번 반복해야 했는데 이런 반복 작업을 '불질'이라고 했다. 제대로 된 불질을 겪지 않은 쇠는 물러서 쇠로서의 역할을 다하지 못하기 때문에 아무런 쓸모가 없다. 여기서 '불질없다'는 말이 '쓸모없다'는 뜻을 갖게 되었고, 이 '불질없다'가 나중에 'ㄹ'탈락이라는 음운변화를 거쳐 '부질

없다'는 말로 정착하게 된 것이다.

1958년부터 1960년대 초 사이에 중국은 모택동의 주도 아래 중공업 중심의 경제발전을 목표로 철강산업에 주력하는 대약진 운동을 벌였다. 농기구는 물론 밥솥마저 거두어 들여 용광로에 넣어 철을 생산하고자 했다. 그러나 '불질'을 제대로 하지 않은 철강 산업은 결국 아무런 쓸모없는 고철덩어리만 양산한 채 부질없는 짓으로 끝나고 말았다. 농기구마저 잃게 된 농민들은 원시시대처럼 나무를 뾰족하게 깎아 쟁기나 삽을 대신하게 되었으니 농업생산량은 급감했고 게다가 가뭄이 겹쳐 수천만 명이 굶어죽는 비극이 벌어졌다.

새로운 기술의 개발 없이 인민들의 열정만을 강요한 대약진운동은 처절한 실패로 끝났다. 모택동의 잘못된 판단과 아집이 인민들로 하여금 부질없는 짓만 하게 하다가 결국 아사지경(餓死之境)에 빠지게 한 것이다. 우리 정치권에도 편견과 오만에 빠져 날마다 부질없는 비난을 쏟아내고 있는 사람들이 있다. 나라와 국민을 생각한다면 비난을 위한 비난을 하는 부질없는 짓은 멈춰야 할 것이다.

판소리

2018-05-09

　우리의 문화유산 중에 유네스코 세계문화유산으로 등재된 것이 적지 않다. 판소리도 그중의 하나이다. 판소리가 유네스코 세계문화유산으로 등재되었을 때 우리는 큰 자부심을 가졌었다. 판소리가 세계를 향해 뻗어나가리라는 기대도 했다.

　그러나 기대와는 달리 판소리는 여전히 국민적 관심을 얻지 못하고 있다. 서양음악에 쫓기고 K팝의 큰 유행에 밀려 오히려 날로 쇠퇴하는 형국이다. 예전엔 어버이날 효도선물로 판소리 LP판이나 CD 등을 찾는 사람이 더러 있었는데 지금은 거의 없다. 판소리를 들으시던 세대들은 하나둘 작고하는데 그 후세대들이 판소리를 듣지 않게 되자 판소리의 수요가 날로 줄어들고 있는 것이다.

　'판소리'라는 말의 어원과 의미에 대하여는 아직 결

론이 나와 있지 않다. '판'과 '소리'의 합성어라는 점에 있어서는 이견이 없으나 '판'의 의미에 대해서는 의견이 분분하다. '판'은 '상황' 혹은 '장면'이라는 뜻을 갖고 있다. 술판, 난장판 등이 그런 예이다. 그런가 하면 '여러 사람이 모인 곳'이라는 뜻도 있는데 놀이판이 그런 예이다. 판이 가진 이런 의미를 취할 경우, 판소리는 '많은 청중이 모인 놀이판에서 부르는 노래'라는 의미로 이해할 수 있다.

그런데 '판'은 '판을 짠다'는 의미로도 사용한다. 인쇄활자를 배열하여 '활자판'을 짜는 것이 판을 짜는 대표적인 예이다. 판이 가진 이런 의미를 취한다면 판소리는 중모리-중중모리-휘모리-진양조-자진모리 등으로 이어가며 '판을 짠 음악'이라는 뜻이 된다. 최근에는 이 설이 비교적 설득력을 얻고 있다. 중국의 경극이나 지방극도 '투수(套數 套: 한 벌 투, 數: 셈 수)' 혹은 '투곡(套曲 曲: 악곡 곡)'이라고 하여 악곡을 '한 벌(set)'로 판을 짜서 노래 부른다는 점을 참고한다면 우리 판소리의 '판'도 '판을 짠 음악'으로 보는 게 더 타당할 것이다. 판소리 판이 활발하게 벌어지기를 기원한다.

역세권 학세권 숲세권 포세권

2018-05-30

　지하철역이 생기면서 '역세권'이라는 말이 생기더니만 요즈음에는 학세권, 숲세권, 심지어는 포세권이라는 말도 유행하고 있다. 'ㅇ세권', 이게 다 무슨 뜻일까?

　역세권은 [역쎄꿘]이라고 발음하며 한자로는 '驛勢圈'이라고 쓰는데 각 글자는 '역(station) 역', '형세 세, 기세 세', '우리 권, 울타리 권'이라고 훈독한다. 국어사전은 역세권을 "기차나 지하철역을 일상적으로 이용할 수 있는 거주자가 분포하는 범위"라고 풀이하고 있다. 도시에 살면서 지하철을 일상으로 이용할 수 있다는 것은 큰 혜택이 아닐 수 없다. 게다가 사람이 많이 몰리는 지역이기 때문에 상업 활동에도 매우 유리한 조건을 갖는다. 그러므로 역세권이냐 아니냐에 따라 부동산 가격에 큰 차이가 생기는 것은 물론이다.

　사람은 누구라도 보다 더 편리하고 쾌적한 곳에서

살기를 원한다. 역세권이 교통이 편리한 지역이라면 주변에 숲이 많은 곳은 공기가 맑고 풍경이 좋아서 역시 사람이 살기를 원하는 지역이다. 그래서 숲이라는 말과 역세권의 '~세권'이 만나 '숲세권'이라는 합성어가 생겨났다.

그런가 하면 자녀를 교육해야 하는 젊은 부부들은 거주지 조건으로 '학군(學群)'도 고려하지 않을 수 없다. 학군(學群)이란 원래 "중·고등학교의 통학구(通學區)를 지정하여 학교 격차를 평준화하기 위하여 채택한 제도"의 성격이 강했는데 후에는 "입시 제도의 개편에 따라 지역별로 나누어 설정한 몇 개의 중학교 또는 고등학교의 무리"라는 의미를 더 중시하여 이른바 '신생 명문' 중·고등학교가 몰려 있는 지역을 좋은 학군으로 여기게 되었다. 이때부터 좋은 학군이 주는 이점이 미치는 범위라는 의미에서 '학세권'이라는 말이 생겨났다.

최근엔 모바일 증강 현실(AR) 게임인 '포켓몬고'의 캐릭터가 자주 등장하는 명당이라는 뜻에서 '포세권'이라는 말도 생겨났단다. 아, 나는 지금 무슨 세권에서 살고 있을까? 자세권(自勢圈)이 아닐까?

271

붓글씨와 먹글씨

2018-05-31

얼마 전에 "안중근 먹글씨 1억 6000만 원에 낙찰" 이라는 보도가 나왔다. 사형집행일을 며칠 앞두고 여순 (旅順) 감옥에서 쓴 것이라고 한다. "貧與賤, 人之所惡 者也(빈여천, 인지소오자야)" 즉, "가난하고 천한 것은 누구 라도 싫어하는 바이다"라는 내용이다. 왼편 하단에 '관 동도독부감옥서(關東都督府監獄署)'라는 인쇄 글자가 있 는 편지지 양식의 종이에 썼는데 글인즉 "가난하고 천 한 것은 사람이 싫어하는 바이다"라는 구절이지만 마치 "죽기를 좋아하는 사람이 어디에 있겠는가!"라는 뜻이 담긴 것 같아 가슴이 아프다. 작은 작품이라서 안 의사 특유의 장인(掌印:손바닥 도장)을 찍지 못하고 엄지손가락 지문만 찍었다. 더욱 눈길을 끄는 부분이다.

언론은 이 작품을 '먹글씨'라고 칭했다. 이미 익숙한 '붓글씨'라는 용어를 사용하지 않고 먹글씨라고 하니

뜬금없는 말로 들린다. 먹글씨는 사용한 재료인 먹에 초점을 맞춘 용어로서 붓으로 쓰든 펜으로 쓰든 막대기로 쓰든 도구에 먹을 묻혀서 쓴 글씨를 말한다. 그러므로 먹글씨라고 해서 다 모필(毛筆:붓)로 쓴 붓글씨는 아니다. 먹글씨는 경필(硬筆:딱딱한 필기도구. 硬:굳을 경, 筆:붓 필)로 쓴 글씨도 포함하는 것이다.

붓글씨는 먹을 사용하든 물감을 사용하든 펜이나 사인펜 등과 같은 경필로 쓰지 않고 동물의 털로 만든 부드러운 필기도구 즉 연필(軟筆 軟:부드러운 연)인 붓을 사용하여 쓴 글씨를 말한다. 붓이든 펜이든 먹물을 재료로 삼았다면 다 먹글씨라고 할 수 있으나 서예는 먹이라는 재료보다는 붓을 운용하는 필력에 주안점을 두는 예술이므로 붓으로 쓴 안중근 의사의 서예 작품은 당연히 붓글씨라고 해야 옳다.

먹글씨는 먹만 재료로 삼아 아무라도 쓸 수 있지만 붓글씨는 붓을 다룰 줄 아는 서예가라야 쓸 수 있는 글씨이다. 이런 연유로, 우리 사회에서는 진작부터 서예를 '붓글씨'라는 말로 풀어 써 왔다. 뜬금없이 '먹글씨'라는 말을 써야 할 이유가 없다.

안절부절못하다

2018-06-11

한 나라의 말 안에도 방언을 비롯한 변종(變種)이 있어서 국민 간의 의사소통에 불편이 생기고, 한 국가로서의 통일성을 유지하는 일에 방해가 생기는 일을 막기 위하여 모든 국민이 지키고 따르도록 정한 말이 있다. 바로 표준어이다. 그런데 요즈음 우리 사회에는 표준어를 사용하는데도 소통은 되지 않고 한 국가로서 통일성을 유지하는 데에 방해가 될 만한 말들이 쏟아져 나오고 있다. 단체든 개인이든 각자 자기 말만 하다 보니 그렇게 소통이 되지 않고 있는 것 같다.

표준어 사정(査定) 원칙 제2장 「발음 변화에 따른 표준어 규정」의 제4절 제25항 「단수 표준어」는 "의미가 똑같은 형태가 몇 가지 있을 경우, 그중 어느 하나가 압도적으로 널리 쓰이면 그 단어만을 표준어로 삼는다."는 사정원칙을 밝히고 있다. 어원에 비추어 봤을 때 비록 갑이 바른 말이라고 하더라도 현재 을을 많이 사용하고 있다면 갑을 무시하고 을을 표준어로 삼는다는 원칙이다.

그 대표적인 예가 '안절부절못하다'라는 말이다. 국어사전은 '안절부절'을 "마음이 초조하고 불안하여 어쩌할 바를 모르는 모양"이라고 풀이하면서도 안절부절하는 상황을 표현하는 말로는 '안절부절못하다'를 표준어 제시하고 있다. 국립국어원이 현재 사용하는 사람이 많다는 이유로 '안절부절못하다'를 표준어로 규정하였기 때문이다. 안절부절의 어원이 한자어 '안주부득(安住不得)'에 있다는 설이 있다. '편안 안', '머무를 주', '아니 불', '얻을 득', '편안한 머무름을 얻지 못함'이라는 뜻이다.

그렇다면 더욱이 '안절부절하다'가 표준어가 되어야 한다. 우리 사회에는 '안절부절하다'는 말을 표준어로 알고 쓰는 사람도 적지 않은데 '안절부절못하다'를 표준어로 정한 것은 지나치게 관대하고 성급한 사정원칙이 아닐까? 선거철이면 넘쳐나는 '네거티브'성 거짓말도 많은 사람들이 널리 알고 있다는 이유로 진실로 둔갑할까봐 적잖이 염려가 된다.

돌과 난초

2018-06-12

청나라 때의 서화가인 정섭(鄭燮 1693~1765 호는 판교板橋)이 그린 묵란도(石蘭圖:돌과 난초를 함께 그린 그림)에 붙인 제화시로 전하는 시가 있다. 石性介而堅, 蘭心和且靜. 蘭非依不生, 石却依蘭定. 비교적 어려운 한자만 훈독하자면 성품 성(性), 굳셀 개(介), 굳을 견(堅), 난초 난(蘭), 또 차(且), 고요할 정(靜), 아닐 비(非), 의지할 의(依), 오히려 각(却), 정할 정(定)이다. "돌의 성질은 굳세고 단단하며 난초의 마음은 평화롭고 고요한 것, 난초는 돌에 의지하지 않고서는 살 수가 없네. 그런데, 돌의 모습은 오히려 난초에 의해서 정해진다네."라는 뜻이다.

부드럽고 연약한 난초는 땡볕 아래서는 살 수 없다. 적당한 그늘이 있어야 한다. 그래서 돌 틈에 기대어 돌의 보호를 받으며 산다. 이런 난초를 보호하는 굳센 돌이 의젓해 보인다. 그러나 난초가 없는 돌은 또 얼마나

무미건조한가? 돌이 그처럼 의젓한 것은 부드러운 난초가 곁에 있기 때문이다.

흔히 남편은 돌에 비유하고 아내는 난초에 비유한다. 굳세고 단단한 돌이 우위인 것 같지만 난초가 없이는 돌은 아름답기가 쉽지 않다. 스승은 돌이고 학생은 난초다. 부모는 돌이고 자식은 난초다. 돌은 난초가 땡볕을 받지 않도록 잘 보호해야 한다. 그리고 난초는 난초에 의해서 돌의 모습이 정해진다는 사실을 명심하고 난초에 의해 돌이 추해지지 않도록 해야 한다.

회담과 협상은 강하게 주장하는 사람과 약한 듯이 양보하는 사람 사이에서 성사된다. 강하게 주장하는 사람만이 승자가 되는 것은 아니다. 따지고 보면 약한 듯이 양보한 사람이 오히려 실리를 얻는 경우가 많다. 북미 정상회담이 열렸다. 어느 쪽이 돌이고 어느 쪽이 난초인지는 말할 수 없다. 다만 서로가 서로에게 필요한 상대인 것만은 분명하니 북한과 미국이 서로 돌과 난초의 역할을 번갈아 하며 앞으로도 대화가 계속되기를 바랄 뿐이다. 평화와 번영을 위하여.

관상

觀相

—

2018-06-05

6·13 지방선거에 임하는 유권자 중에는 더러 입후보자의 학력, 경력, 공약 등은 자세히 알 수 없으니 그냥 현수막에 붙은 사진의 관상을 보고 찍겠다는 사람이 있다. 안 될 말이다. 관상보다는 후보자의 공약을 꼼꼼하게 살펴서 일을 제대로 할 사람을 뽑아야 한다. 그것이 나라를 살리는 길이다.

물론, 지방선거는 그 지역을 위하여 일할 사람을 뽑는 선거이다. 그러나 지역을 위한다는 이유로 나라 전체와의 균형과 조화는 무시한 채 오직 내 지역의 이익에만 눈이 멀어 오히려 나라를 좀먹고 있는 사람은 뽑지 말아야 한다. 설령 내 지역에 일시적인 이익을 주는 사람이라고 할지라도 국가적 대의를 저버린 사람은 배제할 수 있는 안목을 갖고 투표해야 한다. 내 배부를 것만 탐하여 나무를 파먹는 딱따구리는 결국 제가 사는 둥지를 망가뜨린다. 지나치게 내 지역만 챙기겠다고 목소리를 높이는 사람은 오히려 경계해야 할 것이다.

관상은 '觀相'이라고 쓰며 각 글자는 '볼 관', '서로 상'이라고 훈독한다. '相'은 '나무(木)'와 '눈(目)'이 합쳐진 글자이다. 원시시대에 생활도구를 만드는 재료는 대부분 나무였다. 눈(目)으로 나무(木)를 잘 살펴 선택하는 것은 양질의 생활도구를 만드는 데 가장 중요한 일이었다. 나무를 잘못 선택하면 애써 깎아 만든 도구가 하루아침에 무용지물이 되어버린다. 여기서 '目'과 '木'의 합성자인 相은 본래 '잘 살피다'는 뜻을 갖고 태어난 글자인데 이것이 점차 잘 살펴야 할 대상인 나무의 재질과 바탕이라는 뜻으로 확대되었고, 그 뜻이 다시 사람에게로도 확대되어 골격, 얼굴, 피부색 등 사람의 바탕과 용모라는 의미를 갖게 되었다.

이로써 관상은 '사람의 바탕인 얼굴이나 체격 피부색 등을 보고서 운명, 성격, 수명 따위를 판단하는 일'을 뜻하는 단어가 되었다. 관상은 일종의 통계라서 전혀 근거가 없지는 않다고 한다. 그러나 관상에만 의지하는 투표가 되어서는 안 될 것이다.

관상觀相과 얼굴

2018-06-20

6·13 지방선거 이틀 전 글에서 "관상은 일종의 통계라서 전혀 근거가 없는 건 아니지만 관상에만 의지하는 투표가 되어서는 안 될 것이다."는 말을 한 적이 있다. 이 글을 읽으신 분들 중에 관상이 정말 통계냐고 묻는 분들이 더러 있었다. 필자는 통계라고 믿는다. 과거제도를 실시하기 전에는 '찰거(察擧 察:살필 찰, 擧:천거할 거)'라는 방식으로 인재를 뽑았는데 찰거란 오늘날로 치자면 면접시험에 해당한다. 수백 년 동안 찰거를 통해 인재를 등용하다보니 등용된 인물의 소행과 얼굴 생김새 사이에 모종의 연관성이 있음을 발견하게 되었고, 그런 연관성에 근거하여 사람의 생김새를 분석하고 연구한 것이 이른바 '관상학'이다.

"체상불여면상 면상불여안상 안상불여심상(體相不如面相 面相不如眼相 眼相不如心相)"이라는 말이 있다. 체(體),

면(面), 안(眼)은 각각 '몸 체', '얼굴 면', '눈 안'이라고 훈독한다. "몸이 아무리 잘났어도 얼굴이 좋은 것만 못하고, 얼굴이 아무리 잘생겼어도 눈빛이 좋은 것만 못하며, 눈빛이 아무리 좋아도 마음이 바른 것만 못하다."는 뜻이다.

마음이 바르면 그 바른 마음이 얼굴에 나타나는데 얼굴 중에서도 특히 눈빛을 통해 드러나기 때문에 관상에서는 특별히 눈을 중시한다. 중국의 화성(畫聖) 고개지(顧愷之)는 인물화를 다 그리고서도 더러 수년 동안 눈동자를 그리지 않기도 했는데 사람들이 그 까닭을 묻자 "육신의 외적 아름다움은 인물화의 오묘함과 관계가 없다. 정신을 제대로 그려야 하는데 정신을 그려 넣는 관건처가 바로 눈동자이기 때문이다."고 답했다고 한다.

얼굴의 어원은 '얼 꼴' 즉 '얼(정신)의 꼴(모양)'에 있다고 한다. '얼의 꼴'이 그대로 드러나는 곳이 바로 얼굴인 것이다. 거울을 볼 때마다 얼굴 특히 눈빛을 잘 살펴서 지금 나의 정신 상태가 어떤지를 확인하며 살아야 할 것이다. 더러운 얼굴이 되지 않기 위해서는.

모묘苗내기
—
2018-06-21

여름인 것 같으면서도 아침저녁으로는 제법 쌀랑한 바람이 불면서 보리가 익어가는 음력 4월을 '맥추(麥秋 麥:보리 맥, 秋:가을 추)'라고 한다. '보리가을'이라는 뜻이다. 곡식이 익기 위해서는 날씨가 쌀랑해야 한다고 한다. 그래서 보리가 익는 음력 4월, 여름이지만 일시적으로 쌀랑한 며칠을 두고 맥추라고 하는 것이다. 보리가 익으면 밭에서는 보리타작을 하고, 무논에서는 벼농사 모내기를 시작한다. 농촌이 가장 바쁠 때이다.

1980년대 초까지만 해도 농번기방학이라는 게 있어서 학생들도 학업을 잠시 멈추고 농사일을 도왔다. 전 학생이 모내기에 참가하여 들녘을 꽉 채운 채 종일 모내기를 돕는 경우도 있었다. 고달프기도 했지만 참 소박한 시절이었다. 오늘날, 농사일이 바쁘다고 해서 만약 전 학생을 농사일에 동원한다면 아마 난리가 날 것

이다. 학부모들의 항의가 빗발칠 테고 '강제노역 운운'
하는 얘기도 나올 수 있을 것이다.

며칠 전 TV를 통해 마늘과 양파를 수확하느라 정신
없이 바쁜 농민들을 봤다. 일꾼을 사려고 해도 다들 땡
볕 아래서 일하기를 꺼려 일꾼을 구할 수도 없다고 한
다. 이럴 때, 하루쯤 학교의 전 학생이 봉사활동을 나가
하루만 농사일을 도우면 안 될까? 참으로 좋은 체험학
습이 될 것 같은데 그걸 일러 '강제노역 운운'하는 경우
가 생길까 봐 누구도 나서서 그런 제안을 하지 않는 것
같다.

어떤 아파트 단지에서 학생과 학부모가 '다랭이 상
자 모내기 체험 행사'를 했다고 한다. 그도 좋은 일이
지만 고등학생 정도는 보다 더 적극적으로 하루쯤 농
촌 봉사활동에 참여했으면 좋겠다. 보리수확은 끝났지
만 모내기로 인해 농촌은 아직도 바쁘다. 모내기는 원
래 '묘(苗)내기'였다고 한다. 苗는 '싹 묘'라고 훈독한다.
'새싹' 학생들에게 새싹을 내는 '모내기'를 통해 노작(勞
作)체험을 하게 하는 것은 무엇보다도 소중한 교육이 될
수 있을 텐데… 시절이 하 수상하니!

283

관상감觀象監 기상청氣象廳

—

2018-06-26

관상감(觀象監)은 조선시대 관청 이름이다. 각 글자는 '볼 관', '형상 상', '볼 감'이라고 훈독하는데 '監'에는 '감독하는 관청'이라는 뜻이 있으므로 觀象監은 하늘과 땅 즉 자연현상을 살피는 관청이라는 뜻이다. 국어사전은 "조선시대 천문, 지리, 역수(曆數:달력), 점산(占算:점치기), 측후(測候:날씨관측), 각루(刻漏:시간 파악) 등에 관한 일을 담당하기 위해 설치했던 관서"라고 풀이하고 있다.

관상감에 해당하는 오늘날의 정부 부서는 기상청이다. 기상은 '氣象'이라고 쓰므로 글자대로 풀이하자면 '기의 형상'이고 기상청은 '기의 형상'을 담당하는 부서이다. 氣는 뜻이 하도 깊은 글자여서 풀이하기가 쉽지 않은데 '분위기'처럼 우리 주변에 산재하거나 우리를 감싸고 있는 눈에 보이지 않는 어떤 존재라는 의미로 파악하는 게 일반적이다.

《주역(周易)》에 "觀乎天文以察時變, 觀乎人文以化成天下"라는 말이 있다. 비교적 어려운 글자만 훈독하자면 '살필 찰(察)' '때 시(時)', '변할 변(變)', '변화할 화(化)'이다. 그리고 '호(乎)'는 '…에(에서)'라는 의미의 처소격 조사로 사용되었다. "하늘의 문양에서 봄으로써 시절의 변화를 살피고, 사람이 만든 문양 즉 문화에서 봄으로써 천하의 변화를 이룬다."는 뜻이다. 하늘을 보아 땅을 살피고, 땅에서 이룬 사람의 문화를 살펴서 천하를 문명화한다는 의미이다.

옛 관상감에서는 하늘을 살피는 '觀乎天文'을 우선시하여 하늘을 통해 인류에게 다가올 미래를 점치려 했고, 지금의 기상청에서는 우리 주변에서 일어나는 날씨 변화를 중심으로 우리가 내일 당장 어떻게 생활해야 할지에 대한 정보를 주고 있는 것 같다. 편리한 정보를 제공해 주는 기상청에 감사하면서 과학적 분석도 필요하지만 하늘과 인간을 보다 더 원론적으로 연결하려는 철학적 노력도 필요하다는 말을 사족으로 붙여본다. 올여름엔 기상예보가 보다 더 정확해지기를 축원한다.

죽일 살殺과 절 찰刹

2018-07-03

지금은 殺은 '죽일 살'로 刹은 '절 찰'로 훈독하지만 본래 殺과 刹은 다 '죽이다'라는 뜻이었다. 더 거슬러 올라가자면 '杀'자 자체만으로도 '죽이다'는 의미를 담고 있다. 옛날에는 죄인을 죽일 때 대부분 나무토막(모탕:砧) 위에 죄인을 얹혀 놓고 도끼로 목이나 허리를 쳐서 잘라 죽이거나 나무를 쌓은 장작더미 위에 태워 죽이는 화형에 처했기 때문에 나무(木) 위에 벨 사람(乂:벨 예)을 얹어놓은 모양을 한 '杀'이 곧 '죽일 살'자였다.

그러다가 후에 '殳(몽둥이 수)'를 더하여 몽둥이나 몽둥이 모양의 창으로 죽인다는 의미에서 '殺'이 생겨났고, 옆에 칼(刀=刂:칼 도)을 덧붙여 칼로 죽인다는 뜻에서 '刹'자를 만들었다.

중국에 불교가 들어오면서 범어(梵語: 산스크리트어)로 된 불경을 중국어로 번역할 필요가 생겼는데 이때 불

경에 나오는 범어 'kasna'를 '剎那(찰나)'로 번역하면서
'剎'이 불교와 인연을 맺게 되었다. 범어 'kasna'는 아
주 짧은 시간 즉 '순간'이란 뜻이다. 그런데 세상에 죽
음의 순간 즉 삶과 죽음의 경계를 넘는 순간처럼 짧은
시간은 없다고 생각한 당시 사람들이 순간이라는 의미
의 'kasna'를 죽음이라는 의미의 '剎'로 번역하였다 그
리고선 말하기 편리하도록 剎을 이음절화하는 접미사
'어찌 나(那)'를 덧붙임으로써 '찰나(剎那)'라는 말이 탄
생하였다.

　나중에 우리나라에서는 剎의 발음 '찰'이 '절'로 변
하면서 '寺(절 사)'의 순우리말인 것처럼 보이는 '절'이
되었고, 그것이 다시 한자 '寺'와 결합하여 '사찰(寺剎)'
이라는 말이 생겨났다. 말은 이처럼 신기할 정도의 우
연을 계기로 탄생하여 그것을 사용하는 언중에 의해서
사회에 정착하게 되는 것이다.

　'죽일 살(殺)'과 '절 찰(剎:사찰)'이 한 몸에서 나온 같
은 뜻의 글자였지만 지금은 완전히 다른 뜻으로 쓰이
고 있다니 성불(成佛)도 바로 이와 같은 변화를 이름이
아닐까?

장마와 매우梅雨

2018-07-05

장마철이다. 국어사전은 장마를 "여름철에 여러 날을 계속해서 비가 내리는 현상이나 날씨. 또는 그 비"라고 풀이하고 있다. 더러 장마의 '장'을 한자 '長(길 장)'으로 여겨 '마'는 한자로 어떻게 쓰는지를 생각하게 한다. 하지만 장마는 아직 그 어원을 밝히지 못한 말로서 순우리말인지 한자어인지 확인할 수 없다. '長'과 '물'의 고어인 '맣'의 합성어라는 설도 있고, 산스크리트어로부터 온 말이라는 설도 있다.

장마와 같은 의미의 한자어로는 '매우(梅雨 梅: 매화매)', '임우(霖雨 霖:장마 림)' 등이 있다. 梅雨는 매실이 익을 무렵에 내리는 비라는 뜻이다. 해마다 장맛비는 유월 상순부터 칠월 상순경에 걸쳐 내리는데 이때에 매실이 익고 제때에 수확을 하지 못한 매실은 장맛비에 떨어지기 때문에 梅雨라는 말이 생겼다. 梅雨는 본래 중

288

국어이고 일본도 중국어를 차용하고 있다.

그런데 중국에서는 더러 梅雨를 '霉雨'라고 쓰기도 한다. '霉'는 '곰팡이'를 뜻하는 글자이다. 장맛비는 많은 습기를 수반하여 쉬이 곰팡이를 피게 하는 비이기 때문에 그렇게 쓰는 것이다. 같은 발음의 '매우' 중에는 '霾雨'도 있다. 이때의 '霾'는 '흙비 올 매'라고 훈독하며 심한 황사 현상 후에 공기 중의 흙먼지를 씻어 내리는 비를 말한다. 그런가 하면 조선시대 궁중에서는 대변이나 소변, 특히 왕의 대변이나 소변을 '梅雨'라고 했다. 이 '매우' 또한 어원이 어디에 있는지 분명하지 않다. 다만 왕의 대소변을 매실 향기를 띤 것으로 미화한 말일 것이라는 짐작만 하고 있다.

후텁지근한 날씨에 높은 습도, 곳곳에서 쉽게 피어나는 곰팡이 등으로 인해 장마를 좋아할 사람은 아마 없을 것이다. 그러나 장마는 언젠가는 끝나게 되어 있다. 한용운 시인의 시를 떠올려 본다. "지리한 장마 끝에 서풍에 몰려가는 무서운 검은 구름의 터진 틈으로, 언뜻언뜻 보이는 푸른 하늘은 누구의 얼굴입니까."

임금賃金과 신수薪水 [Xīnshuǐ 신수이]

2018-07-11

　사용자와 노동자 사이에는 항상 임금을 두고 다툼이 생긴다. 그런 다툼을 해결하기 위해 노동자와 사용자는 수시로 협상의 테이블에 앉아 의견을 조율한다. 의견 조율을 통해 양자가 합의(合意)하면 협상이 타결되고, 합의점을 찾지 못하면 자칫 파업으로 이어지곤 한다. 타결은 '妥結'이라고 쓰고 각 글자는 '온당할 타', '맺을 결'이라고 훈독한다. 온당하게 끝맺음을 하는 것이 곧 타결인 것이다.

　육체노동이든 정신노동이든 감정노동이든 노동자는 임금에 생존 여부가 달려 있으므로 사용자에 대해 보다 더 높은 임금을 요구할 수밖에 없다. 그리고 사용자는 경영의 손익을 잘 계산해야 하므로 당연히 요구대로 임금을 다 인상해 줄 수 없다. 그렇기 때문에 노사 간에는 분쟁과 협상이 반복될 수밖에 없다.

　임금은 한자로 賃金이라고 쓰며 임은 '품팔이 임, 품
삯 임'이라고 훈독하는데 구조로 보자면 '任(맡길 임)'과
'조개 패(貝)'가 합쳐진 글자이다. 조개(貝)는 옛날에 화
폐 대용으로 사용되었으므로 지금도 '화폐'라는 의미를
갖고 있다. 따라서 '賃'은 '일을 맡기고 대가로 주는 돈'
혹은 '일을 맡아 하고서 대가로 받는 돈'이라는 의미이
다. 거기에 돈을 상징하는 글자 '金'자 한 글자를 덧붙여
2음절어 '賃金'이라는 말이 생겨났다.

　중국에서는 賃金이라는 말보다는 '薪水〔Xīnshuǐ 신수
이〕'라는 말을 더 많이 사용한다. '薪'은 '섶나무 신'이라
고 훈독하는데 섶나무는 땔나무라는 뜻이다. 그러므로
薪水는 '땔나무와 물'이라는 뜻이다. 땔나무와 물은 인
간 생존에 가장 필요한 기본적 요소이다. 노동의 대가
로 생존에 필요한 기본 요소인 땔나무와 물을 구할 돈
을 얻는다는 뜻에서 薪水라는 말을 사용하고 있는 것이
다. 물론 薪水는 노동자가 핍박받던 봉건사회에서 사용
해 오던 말이다. 그런 말을 노동자의 천국을 지향하는
사회주의 국가에서 여전히 사용하고 있다니 이 또한 하
나의 아이러니라는 생각이 든다.

반려伴侶와 반려返戾

2018-07-12

　우리말에는 동음이의어(同音異議語) 즉 읽는 소리는 같은데 뜻은 완전히 다른 말들이 참 많다. 예를 들자면, '사기'라고 읽은 동음의 단어에 담긴 다른 뜻의 단어는 '사기(史記;역사 기록, 역사 책)', '사기(士氣:굽힐 줄 모르는 기세)', '사기(詐欺:속임)' 등 무려 40개 이상이라고 한다. 이러한 동음이의어는 한자를 통해서만 구별이 가능하다. 우리의 문자 생활에서 한자를 배제할 수 없는 절대적인 이유가 바로 여기에 있다.

　흔히 쓰는 '반려'라는 말에도 크게 두 가지 뜻이 있다. '반려동물'의 반려는 '伴侶'라고 쓰며 각 글자는 '짝 반', '짝 려'라고 훈독한다. 사람과 짝하여 함께 살아가는 반려자(伴侶者)와 같은 동물을 반려동물이라고 하는 것이다. 그런가 하면 반려는 사표를 반려할 때도 사용한다. 이때의 반려는 '返戾'라고 쓰며 각 글자는 '돌아